I0819148

CONSEJERÍA Y CONFESIÓN

El rol de la confesión y la absolución en la consejería pastoral

Nueva edición con introducción de ***Rick W. Marrs***

Edición en español con introducción de ***Marcos N. Kempff***

Publicado por Editorial Concordia, 2016
3558 South Jefferson Ave, St. Louis, Missouri 63118-3968 U.S.A.
1-877-450-8694 • editorial.cph.org

Texto del inglés traducido al español por Beatriz Hoppe
Texto en español revisado por Leopoldo A. Sánchez M. y Marcos N. Kempff
Los textos bíblicos son de Reina Valera Contemporánea® ©Sociedades Bíblicas Unidas, 2010

Editor: Héctor E. Hoppe

Acerca de la tapa y contratapa: Las tres ilustraciones fueron tomadas de la era de la Reforma del siglo 16. La de la tapa, arriba, es del *Deudsch Catechismus* de Lutero e ilustra el perdón descrito en la parábola del siervo que no tuvo compasión (Mateo 18). La ilustración de abajo (del libro de sermones de Lutero) describe oración. La ilustración de la contratapa describe el ritual de confesión.

Las imágenes son cortesía de Digital Image Archive, Pitts Theology Library, Candler School of Theology, Emory University.

Editorial Concordia es la división hispana de Concordia Publishing House

Impreso en los Estados Unidos de América

~

A Merle

~

Agradecemos a Beatriz Hoppe de Lutheran Hour Ministries por la traducción del texto al español y a Leopoldo A Sánchez M. y a Marcos N. Kempff del Centro de Estudios Hispanos del Seminario Concordia en Saint Louis por su trabajo editorial.

Contenido

Prólogo

San Pablo fue el primero en decirlo: "Si alguno anhela ser obispo, desea una obra buena" (1 Timoteo 3:1). Ciertamente, pastorear almas es una tarea increíblemente gratificante. Sin embargo, la realidad es que los aspirantes a pastores enfrentan una tarea cada vez más compleja en lo que se refiere a pastorear las ovejas de Cristo. El poder guiarlas y dirigirlas a través del peligroso terreno espiritual de nuestro tiempo demanda toda la destreza que puedan acumular y todas las herramientas que puedan obtener.

El Seminario Concordia merece ser encomiado por reimprimir, en este momento crítico, el libro de Koehler *Consejería y Confesión*. Este libro merece un lugar en la biblioteca de todo pastor que toma en serio el cuidado de las almas, aun cuando está claramente dirigido al cuidado pastoral en una era ya pasada. La introducción del Dr. Marrs resalta muchos de los desarrollos en el campo de la consejería cristiana desde que Koehler publicó este estudio en 1982. Como bien señala, también ha habido una resurgencia de interés en la comprensión clásica de la cura del alma *(Seelsorge)*, especialmente en las últimas dos décadas. Aun así, la propuesta de Koehler fue una voz adelantada y vital que recordó a los luteranos de su herencia con respecto al papel central de la confesión individual en el cuidado pastoral. Sin embargo, en muchas maneras esa conversación apenas ha comenzado, y la relación exacta entre la consejería y la confesión aún debe ser definida.

Como el mismo Koehler dice, la confesión y absolución individual fue abogada por pioneros entre los luteranos norteamericanos. El Dr. C.F.W. Walther, por ejemplo, alentó a los pastores del siglo diecinueve a que se esforzaran por integrarla completamente en la vida parroquial: "... de una manera evangélica, a través de la instrucción y exhortación, y del elogio, [debería] esforzarse por lograr que sea usada diligentemente junto con la confesión general y que, cuando sea posible y recomendado, sea finalmente reincorporada como costumbre exclusiva, y preservada adecuadamente allí donde ya existe."[1] Sin embargo, la evidencia muestra que su práctica fue muy excepcional a través de la mayor parte del siglo veinte.

Futuros historiadores de nuestra iglesia probablemente notarán que sólo cuatro años después de la publicación del estudio de Koehler, se publicó una nueva edición del *Catecismo Menor* de Lutero (Concordia Publishing House, 1986) en el cual se restauró el rito de Lutero para la confesión individual que había sido omitido en la edición de 1943. Por primera vez en casi tres generaciones, los niños luteranos tenían ahora un modelo de cómo confesar como cristianos sus pecados a su pastor y recibir absolución de su Señor a través de él. Las últimas décadas han visto un elevado interés en este don honrado por el tiempo.

1 *Trad. John M. Drickammer, Walther's Pastorale, (New Haven, MO: Lutheran News, Inc., 1995), 120.*

Pero los intereses históricos por sí mismos no pueden explicar la creciente atención que está siendo dedicada a la confesión individual (absolución) en estas primeras décadas del siglo veintiuno. Después de todo, los pastores no se dedican a dar cuidado pastoral simplemente por afinidad histórica; cada generación utiliza las herramientas y habilidades que el Señor le da en su Palabra. Hasta que él regrese, el Señor Jesús ordena a sus siervos a predicar, enseñar, bautizar, comulgar, y absolver en su nombre. "Reciban el Espíritu Santo", dice. "A quienes ustedes perdonen los pecados, les serán perdonados; y a quienes no se los perdonen, no les serán perdonados" (Juan 20:22-23).

Está claro que la implacable erosión moral y el constante aumento del ateísmo están poniendo a las almas contemporáneas en una tensión extraordinaria. Las personas luchan con una increíble carga de culpas por los pecados que han cometido, y con montañas de vergüenza por los pecados cometidos contras ellas. Los pastores deben saber discernir y distinguir estas distinciones para proveer a las almas sufrientes la medicina espiritual exacta que Cristo ha prescrito para cada mal de la humanidad. Para quienes sufren por una conciencia afligida, no hay nada como el perdón hecho a medida del pecado que oprime y acusa al corazón. La propia exhortación de Lutero expresa la alegría y el asombro que trae tal absolución: "Cuando un corazón sintiere sus pecados y ansiare consolación, tendrá en esto un refugio seguro donde halla y oye la palabra de Dios, por medio de un hombre que lo libera y lo absuelve de los pecados."[2]

¡Que la reimpresión de este libro contribuya a la continua recuperación y uso fiel de la confesión y absolución individual para la alegría y edificación del pueblo santo de Cristo por muchas generaciones!

HAROLD L. SENKBEIL, MDIV, STM, DD
Director Ejecutivo para Cuidado Pastoral
DOXOLOGY: Centro Luterano para el Cuidado y la Consejería Pastoral

2 *Martín Lutero, Catecismo Mayor, "Breve exhortación a la confesión", Libro de Concordia (St. Louis: Editorial Concordia, 1989), 492.*

Introducción a la nueva edición

¿Qué hace en general un cristiano occidental actual cuando se siente preocupado, culpable o incluso avergonzado por su conducta? Quizás va a un psicólogo o a un consejero profesional, alguien perteneciente a alguna de las numerosas "profesiones de ayuda" que se han desarrollado en nuestra cultura en el siglo pasado. Quizás simplemente lea un libro de autoayuda escrito por uno de esos profesionales. O incluso quizás vaya a un sitio en la web donde puede confesar sus penas, esperando tener una experiencia catártica al dejarles saber a otros (por supuesto que en forma anónima), lo que ha hecho. Es una pena que muy pocos consideran ir a su pastor para consejería, confesión o, más importante aún, absolución individual. Esto es trágico porque, como escribe Lutero sobre la confesión y absolución en el Catecismo Mayor: "Cuando un corazón sintiere sus pecados y ansiare consolación, tendrá en esto un refugio seguro donde halla y oye la palabra de Dios por medio de un hombre que lo libera y lo absuelve de los pecados."[1]

¿Cómo fue que perdimos la confesión privada? Lutero incluyó la confesión y absolución como una de las seis partes principales de los Catecismos Mayor y Menor. Sin embargo, muchos laicos luteranos piensan que sólo los católicos romanos practican la confesión y absolución. Incluso muchos pastores luteranos que se describen a sí mismos como "confesionales" (en el sentido de estar dedicados a las Confesiones históricas de la Iglesia Luterana), irónicamente nunca han experimentado la confesión y absolución privada, ya sea confesando o absolviendo. ¿Cómo fue que perdimos la práctica de la confesión? Koehler y

1 The Book of Concord (Libro de la Concordia), editado por Robert Kolb y Timothy J. Wengert (Minneapolis: Fortress, 2000), 478.

otros identifican los sospechosos usuales: la influencia del calvinismo, el pietismo, el racionalismo, el temor de ser percibidos como católicos romanos, etc.[2] El historiador Charles Schaum recientemente ha identificado otra influencia temprana: las supuestas indecencias de Martin Stephan[3] detrás de la puerta cerrada de la oficina confesional, y las despiadadas disputas que siguieron, que llevaron a muchos laicos a desconfiar que otros pastores pudieran también hacer mal uso de la confesión. Esto llevó a muchas congregaciones de la Iglesia Luterana—Sínodo de Missouri (LCMS por sus siglas en inglés) a desalentar, en sus constituciones, la práctica de la confesión privada. Algunas hasta prohibieron a sus pastores que se reunieran en forma privada con un miembro laico.[4] Damos gracias a Dios porque, en la generación pasada fue retomada la discusión y práctica de la confesión privada. El laico Ted Kober ha escrito un libro que se ha hecho muy popular publicado por Concordia Publishing House titulado *Confession and Forgiveness: Professing Faith as Ambassadors of Reconciliation* (2000). Kober ha encontrado que, cuando utilizamos el lenguaje y la narrativa bíblica (por ejemplo, la confrontación y el perdón del profeta Natán al Rey David luego que este cometiera adulterio y homicidio) para enseñar sobre la confesión y el perdón, incluso muchos no luteranos protestantes ven y practican su relevancia. Kober pone mucho énfasis en la importancia de la confesión y absolución para lograr la paz y la reconciliación entre los cristianos. El Rev. Harold Senkbeil y la Dra. Beverly Yahnke, directores de DOXOLOGÍA, alientan a los pastores a recibir ellos mismos la confesión y absolución privada, y a promover su uso en sus parroquias. El Rev. Ken Korby escribió e instruyó ampliamente durante su ministerio acerca de la importancia de la confesión y absolución. La convención del 2007 de la LCMS adoptó una resolución alentando a las congregaciones a restaurar la práctica de la confesión y absolución individual.

En esta generación pasada, una de las primeras influencias en el resurgimiento de la confesión y absolución privada fue el libro de 1982 de Walter Koehler *Consejería y confesión: el rol de la confesión y absolución en la consejería pastoral.* El Seminario Concordia de St. Louis se siente complacido de poder reimprimir este libro para alentar a que sea leído por una nueva generación de pastores. Le agradecemos a la Sra. Eunice Koehler por su entusiasta permiso para reimprimirlo. Es un libro breve, pero maravilloso. El capítulo 1, "Énfasis y tensiones en la consejería pastoral", cubre el estado de la consejería pastoral y cristiana como

2 El Rev. Don Deffner hizo esta pregunta a luteranos confesionales en 1999 (Concordia Pulpit Resource, Septiembre 1999, 4).

3 Martin Stephan (1777-1846) es una figura controversial del luteranismo norteamericano del siglo XIX a quien se le atribuye la organización de la emigración sajona a los EEUU. Fue acusado por los colonos alemanes en Missouri de conducta sexual inapropiada y malversación de fondos. Su salida de la colonia dio lugar al liderazgo del pastor C. F. W. Walther (1811-1887), quien pasó a ser el primer presidente de la hoy llamada Iglesia Luterana—Sínodo de Missouri (LCMS) y del Seminario Concordia, St. Louis.

4 De las notas históricas introductorias (p. XXIII) de Walther, C. F. W. (2010). Law & Gospel: How to Read and Apply the Bible, A Reader's Edition, ed. Charles Schaum y via correspondencia privada.

se daba en 1982. Muchos de esos énfasis y tensiones todavía permanecen similares hoy, pero muchos también han cambiado. Algunos de esos cambios los veremos más adelante. El capítulo 2 explora la teología luterana de la confesión y absolución individual (CAI). En el tercer y último capítulo (así como en la breve sección final), Koehler discute en forma admirable cómo la CAI y la consejería pastoral difieren la una de la otra, pero explora las interrelaciones potencialmente saludables que existen entre ambas. Los capítulos dos y tres son atemporales, y están llenos de sana teología pastoral. El único tema práctico en esos dos capítulos que me hubiera gustado debatir con el Dr. Koehler es el rol de la confesión y absolución individual (CAI) en la persona con trastornos mentales. En un breve párrafo él dice que la CAI "es generalmente inefectiva y hasta podría ser dañina para la persona con trastornos mentales... CAI es más adecuada para la persona sin trastornos mentales." Yo preferiría que tales generalizaciones fueran más sutiles. Estoy de acuerdo que la CAI no es una "receta mágica" para todos, incluyendo a quienes sufren problemas mentales. Hay momentos en los que alguien que es psicótico/delusivo o sufre de una depresión clínica profunda puede no beneficiarse de la CAI, pero quizás también haya momentos en los cuales esas mismas personas están más lúcidas, pero llenas de culpa por las cosas que han pensado, hecho o dicho. Aun cuando sigan siendo esquizofrénicos, bipolares, etc., quizás haya muchos momentos en los cuales la CAI les puede servir de gran consuelo. El Dr. Koehler cierra el párrafo con una admisión fiel: "Pero dado que Dios no es limitado, esto no implica que la CAI no puede nunca ser efectiva con quienes sufren disturbios mentales." Y con esto estoy totalmente de acuerdo.

El capítulo 1 es quizás el que necesita ser más actualizado, porque muchas cosas han cambiado. La definición de Koehler de consejería pastoral todavía está vigente hoy día. Su resumen del desarrollo de la consejería pastoral nos muestra un buen panorama de los años 1930-1982, pero deja de lado mucha de la historia de la "cura de almas" ("*Seelsorge*" en alemán, o "*cura animarum*" en latín). La iglesia cristiana (y los creyentes judíos antes) tiene una rica historia en el cuidado de las almas humanas que antecede a la aparición de la psicología moderna por miles de años. Alentamos a que los lectores exploren esa historia en libros como *A History of the Cure of Souls* (1951, John McNeill), *Pastoral Care in Historical Perspective* (1964, William Clebsch y Charles Jaekle), y *A History of Pastoral Care in America* (1983, E. Brooks Holifeld). Thomas Oden (1984, *Care of Souls in the Classic Tradition*) critica aptamente el campo del cuidado y consejería pastoral porque ésta ignora la rica historia del cuidado de almas, e incorpora demasiada psicología moderna en la consejería pastoral. Pero el libro de Oden fue publicado después que el de Koehler. Koehler menciona cómo los psicólogos seculares del siglo veinte, como Sigmund Freud, Carl Rogers, O. H. Mowrer, William Glasser, Eric Berne y Thomas Harris, influenciaron la consejería pastoral hasta ese entonces. Ahora, a comienzos del siglo veintiuno, la psicología secular continúa influenciando la consejería pastoral pero más a través de "movimientos", que de individuos. Los "movimientos" influyentes actuales incluyen un énfasis cerebro-fisiológico, enfoques cognitivos y de comportamiento (ECC), teorías de fijación y teoría de sistemas. Estos movimientos por lo general no son identificados con un teórico en particular, como lo eran en la generación anterior, sino que son más bien apoyados por estudios. Ahora es más aceptado el hecho que varios desórdenes mentales tienen un componente causal en el cerebro u otra química fisiológica. Estos componentes químicos del cerebro pueden tener varias raíces en sí mismos, por ejemplo, genética, experiencias traumáticas, dieta, lesiones o aprendizajes repetidos. Esto ha llevado a un sinnúmero de tratamientos fisiológicos efectivos, especialmente neuroquímicos, para desórdenes como esquizofrenia, bipolaridad, depresión aguda, y ansiedad. Aún así, los psicofármacos no son la respuesta final y definitiva para todos los problemas emocionales de las personas, y a menudo tienen efectos colaterales. Muchos estudios psicológicos han indicado que diversas psicoterapias seculares son bastantes efectivas para ciertos problemas. Los enfoques cognitivos y de comportamiento buscan identificar los pensamientos inadaptados que tienen las personas y que debilitan su bienestar psicológico, y luego buscan enseñarles nuevas maneras de pensar acerca de sus vidas en forma saludable. Los estudios han demostrado la efectividad de ECC en muchas personas que sufren de depresión y otros males. Otros desórdenes y problemas de matrimonio/familia parecen responder mejor a terapias basadas en la teoría de fijación o en la teoría de sistemas. Por lo general, funciona mejor una combinación de psicofármacos y psicoterapia que cualquiera de ellas por separado. Sin embargo, las suposiciones seculares que rodean a la psicoterapia a menudo desconciertan a muchos cristianos, incluyendo a muchos pastores.

Koehler menciona a profesionales cristianos de su época como James Dobson, Gary Collins y Bruce Narramore, quienes "han recibido entrenamiento profesional en psiquiatría o psicología y continúan operando desde una posición teológica conservadora". Predice (¿profetiza?) que "A la larga, parece que este grupo eventualmente será responsable por lograr el diálogo necesario entre la psicología y la teología. Evangélicos como ellos han contribuido mucho en los últimos 30 años para promover la "consejería cristiana" como una próspera empresa. Seminarios y universidades cristianas han comenzado programas de posgrado en consejería cristiana. En algunos casos, estos programas admiten más estudiantes que en sus Maestrías en Divinidades u otros programas tradicionales. Muchos otros cristianos se reciben de consejeros a través de programas de posgrado en universidades seculares, pero aplican su conocimiento teológico a nivel laico a su trabajo. La Asociación Americana de Consejería Cristiana, una organización profesional fundada por Gary Collins, tiene ya cerca de 50.000 miembros. El Dr. Tim Clinton (presidente) y muchos otros (Larry Crabb, Stanton Jones, H. Norman Wright, John Townsend, Archibald Hart, Siang-Yang Tan, Scott Stanley, Everett Worthington, John Trent, Mark McMinn, Michael Lyles, Mark Yarhouse, y Diane Langberg) han producido miles de libros y artículos profesionales. Otras organizaciones profesionales, como la Fundación de Consejería y Educación Cristiana (CCEF por sus siglas en inglés), la Asociación Americana para Consejeros Pastorales (AAPC), y la Asociación Cristiana para Estudios Psicológicos (CAPS por sus siglas en inglés), continúan siendo voces importantes en las discusiones sobre la interrelación entre la fe cristiana y la psicología/consejería. A medida que este campo va madurando, su interés en enfoques teológicos más sofisticados parece ir en aumento.[5] Lamentablemente, hasta la fecha las voces luteranas han sido más bien débiles en estas discusiones eruditas de tipo teológico-psicológico.[6]

Que esta reimpresión de *Consejería de Confesión* de Koehler ayude, aunque sea en pequeña escala, a elevar esas voces luteranas y alentar a que más voces sean escuchadas en la próxima generación. Que agregue una voz de clara teología "confesional" a nuestra consejería pastoral cristiana. Que aliente a más pastores a enseñar a sus miembros sobre los beneficios de la confesión y absolución, así como hizo Lutero cuando escribió: "Por lo tanto, cuando los exhorto a que vayan a confesarse, simplemente los estoy exhortando a que sean cristianos."[7]

REV. RICK W. MARRS, M. DIV., PH.D.
Psicólogo
Profesor Asociado de Teología Práctica
Director de la Maestría de Divinidades
Seminario Concordia, St. Louis

5 Por ejemplo, en la Conferencia Mundial de la Asociación Americana de Consejeros Cristianos del 2009, hubo talleres que cubrieron el enfoque de la consejería bíblica en la historia de la iglesia. Algunos padres de la iglesia como Agustín, Cipriano, Gregorio el Grande, Lutero, Calvino, Jonathan Edwards y muchos otros, son un buen ejemplo de cuidado pastoral que bien podemos imitar. Otros talleres promovieron el uso del lenguaje de lamentos de los salmos, desarrollando una teología del sufrimiento, y aplicando la gracia a la culpa y la vergüenza, etc. Varios presentadores en las plenarias alentaron a los consejeros a leer a los "teólogos antiguos ya muertos", para aumentar la sofisticación teológica de su trabajo clínico. El autor de esta nueva introducción dirigió un taller titulado Volviendo más Cristocéntrica la consejería cristiana, apoyando el uso de la distinción entre la ley y el evangelio en el trabajo de consejería, basándose mucho en C. F. W. Walther. Más de 260 evangélicos lo escucharon. Los libros de autores de CCEF (Fundación Educativa de Consejería Cristiana) enfatizan la necesidad de que haya una teología clara; la CCEF es, sin lugar a dudas, de orientación calvinista. Por suerte, la teología de muchos de los libros escritos en la década pasada por autores como David Powlison, Ed Welch y Paul David Tripp, está mucho más orientada hacia la gracia que los libros escritos por Jay Adams.

6 El libro de la LCMS de 1958 What, Then, is Man? (citado por Koehler) fue una discusión sofisticada entre académicos luteranos acerca de la relación entre la teología, la psicología y la psiquiatría. What, Then, is Man? ayudó a influenciar a algunos de los líderes consejeros evangélicos cristianos de los años 1970 y 1980. Por ejemplo, es citado por autores como Gary Collins y Stanton Jones, por haber ayudado a formar su manera de pensar. Lamentablemente, desde entonces los teólogos luteranos "confesionales", y los profesionales de la salud mental, se han mantenido bastante callados sobre estos temas.

7 Catecismo Mayor de Lutero, y citado por Koehler.

Introducción a la edición en español

Imaginemos por un momento a un padre, redactando la historia de su hijo menor, quien tomó la decisión de separarse de su familia e irse en búsqueda de nuevas aventuras. Pero al lapso de un tiempo de tormentosa ausencia, volvió a casa, arrepentido (Lucas 15:11-32). El rostro de aquel padre lo dice todo: No quería omitir ningún detalle. En la soledad de una profunda y emotiva reflexión, el padre escribe:

> *Con el corazón en la mano, un nudo en la garganta y lágrimas de gozo que corren por mis mejillas, necesito narrar lo ocurrido con mi hijo.*
>
> *Mi hijo se fue de la casa. Se llevó todo lo que le pertenecía. Yo se lo di; no era el tiempo, pero se lo di. Y después de un tiempo que pensé que no iba a terminar, regresó a casa, pero regresó avergonzado. No pudo haber sido fácil. Después de todo, primero, siendo su padre, me deshonró pidiendo su parte de la herencia familiar antes de que yo muriera. Cortó los lazos conmigo, nuestro hogar, y nuestra familia. Al deshonrarme, sus acciones también cortaron los lazos con la comunidad en que vivía. "Quemó todos sus puentes", como a veces se oye decir, "¡porque quería vivir de verdad, libre, y a su manera!"*
>
> *Me enteré que al poco tiempo que mi hijo descubrió esa supuesta libertad no fue tan emocionante. Pronto se encontró sin nada y comenzó a auto-compadecerse, frustrado, airado, apenado, y desesperado. Había derrochado todo lo que había recibido; se lo di con tanta generosidad. Pensando en libertad, él descubrió esclavitud, hacia sí mismo y sus apetitos egoístas. Ahora estaba atrapado y sin salida. Cuando su vida se tornó desesperante, solo podía pensar en su hogar y en quienes pertenecemos al mismo. Cara a cara con su propia desolación, mi hijo regresó, y se humilló, ofreciendo ser mi esclavo. Regresó con las manos vacías, esperando*

quizás encontrarse con un padre rencoroso y vengativo. Volvió tan avergonzado que ni siquiera me podía mirar a los ojos. Volvió a casa dispuesto a recibir lo peor. Pero no recibió el merecido y esperado regaño. En cambio, corrí hacia él, y en llanto de alegría, lo abracé con la pasión y fuerza de un padre. Lo perdoné y lo recibí. ¡Que gran motivo para una celebración! Porque "este hijo mío estaba muerto, y ha revivido; se había perdido y lo hemos hallado".

Creo que para su sorpresa, mi hijo descubrió que como padre no lo repudié; lo perdoné. Todas mis bendiciones y riquezas nuevamente eran suyas. Llegó con la vida vacía, y yo lo recibí con la fuerza del amor. Así fue. Ahora mi hijo conoce el amor de un padre bondadoso y lleno de gracia.

¿Qué pudo aprender mi hijo de todo esto? Todos nos equivocamos; nadie es libre de culpa. Pero eso no es una excusa. El pecado y sus consecuencias son cosa seria. La lección aprendida de mi hijo resalta que nuestras acciones equivocadas afectan lo más importante en la vida, a nuestros seres queridos, específicamente, a la familia. Lo peor del caso es que el error es evidencia de que hemos desobedecido a Dios. Nuestros errores nos muestran que hemos despreciado, ofendido y abandonado a nuestro Padre celestial, nuestro Dios creador y sustentador.

Precisamos reconocer, admitir, y lamentar nuestras equivocaciones, llámese arrepentirnos de nuestros pecados. Precisamos reconocer los pensamientos, las palabras, y las acciones (incluyendo lo que hemos hecho y lo que hemos dejado de hacer) que nos separan de Dios, los "ídolos" personales que nos mantienen distanciados de nuestros seres amados y de las personas que nos rodean, alimentando nuestro egocentrismo. La severidad del pecado, nuestra rebeldía y nuestra desobediencia hacen nuestra vida tan compleja como la de mi hijo, el pródigo. Nuestro continuo alejamiento nos lleva por caminos donde ni siquiera podemos imaginar los peligros ocultos a cada vuelta. Y cuando todo fracasa, nos hundimos en la autocompasión y la desesperación; nos auto-justificamos, le echamos la culpa a otras personas o a nuestras circunstancias. Pero Dios interviene. Movidos por su Espíritu Santo volvemos arrepentidos y allí nos recoge su bienvenida, somos perdonados. Solo reconocer nuestro pecado no es suficiente; tampoco basta con tomar una decisión de cambiar, ni siquiera tratar de cumplir algún ejercicio espiritual. Nuestra confesión de pecado es necesaria porque reconocemos nuestra incapacidad para dar la vuelta y regresar a Dios. Pero Dios interviene y envía a su Hijo único, quien muere y resucita para perdonar todos nuestros pecados. En Cristo, Dios nos sostiene firmemente en sus brazos acogedores, allí hay perdón.

La historia de mi hijo destaca que nuestro Dios es misericordioso. En nuestro diario vivir, en la intimidad de nuestro hogar, en nuestras muchas relaciones personales y en "nuestro propio mundo personal", el perdón resuelve todo lo que impide relaciones armoniosas y restablece una relación de paz con Dios, con nuestro prójimo, y con nosotros mismos, porque el perdón declara la obra del Señor nuestro Dios: "Él es clemente y misericordioso, lento para la ira y abundante en misericordia."

Mi hijo recibió consuelo, perdón, paz y una renovada esperanza. Mi hijo sintió el calor de mi amor. Mi hijo fue restaurado. Ahora me mira a los ojos y veo renovado gozo y muchas ganas de vivir. Y, ¿yo? Renovado gozo y muchas ganas de vivir.

Pero, ¿qué de tantas personas que viven atrapadas en sus errores y transgresiones? ¿Cómo llenan su vacío al sufrir ofensas, problemas, y rencores? ¿Cómo se supera el sentimiento de culpa? ¿A quién irán para recibir el calor del amor?

He tenido el privilegio de facilitar retiros para el fortalecimiento de la relación de pareja en el matrimonio y los lazos afectivos de la familia. Es interesante destacar que el tema de la confesión de pecados, el perdón, y la reconciliación casi siempre capta la atención de los participantes.

En una ocasión un joven esposo se me acercó al comienzo del segundo día de un retiro para parejas. Me dio las gracias. Admitió que nunca le había pedido perdón a su esposa, ni había pensado perdonarla si ella le hubiera pedido disculpas en un futuro. Admitió que así fue criado. Pero, la noche anterior, en el retiro habíamos hablado de la dulzura del perdón de Dios y de cómo ese perdón nos motiva a perdonar a nuestro cónyuge. Cuando aquel hombre joven llegó a casa esa noche, con mucho nerviosismo y muchísimo temor, cayó de rodillas ante su esposa y le pidió perdón por todo su rencor y dureza en su actitud equivocada hacia ella. Estaba avergonzado de ser un esposo tan poco comprensivo. La esposa con gran ternura lo tomó en brazos y llorando lo perdonó como el padre del hijo pródigo. Ahora, parado frente a mi persona, me dijo: "Muchas gracias. Nunca he sentido tanta paz ni tanta alegría a la vez. Gracias por enseñarme a pedir perdón y dar perdón."

Pensé: De repente este hombre joven como muchas otras personas, cuestionan la importancia y efectividad de la reconciliación, viven atrapados en su rencor, dolor y en silencio sufren los embates de una consciencia atormentada. ¿Por qué? Quizás sufren a consecuencia de ofensas que no han sido perdonadas, rencores resguardados e inflexibilidad ante los problemas de otros. O, quizás aún más complicado, "alimentan" una frustración interna ante las dificultades y complejidades al sentirse decepcionados consigo mismos. Simplemente, las personas no saben cómo pedir, dar y agradecer el perdón o peor aún, no quieren perdonar y prefieren vivir con "el estado dulce-amargo" de guardar rencor, buscando el momento para ejercer el famoso "ojo por ojo y diente por diente". Es "más sabroso", como dijo un esposo resentido, "anticipar el momento para repagar a mi esposa por lo que me hizo".

Pero el rencor es un veneno que consume y destruye al individuo y sus relaciones con otras personas. La importancia de restaurar una relación lastimada con el perdón de Dios, ejerciendo el perdón y la reconciliación, es reemplazado con el nefasto deseo de crear y "alimentar" un campo de batalla con todas las intrigas de atacar al oponente, que en este caso, lastimosamente, es un ser querido. Pero, así somos. ¡Lastimosamente! Por otro lado, también deseamos una resolución inmediata sin el proceso de la reconciliación. Lo "dejamos así, de ese tamaño" esperando que de alguna forma desaparezca la ofensa y sus consecuentes dolores y penurias.

Nuestras relaciones con otras personas indudablemente sufrirán los duros golpes de conflictos, ofensas y errores, y el veneno del rencor.

Admiro la claridad con la que Koehler describe en este libro la ineludible necesidad (y quizás mejor es decir, deber) del consejero de trabajar la confesión y absolución en el proceso de aconsejamiento pastoral. El perdón trae sanidad en todos los sentidos. Pero, perdonar a alguien que nos ha hecho daño es a veces la cosa más difícil que tendremos que hacer.

Psicólogos y terapeutas latinoamericanos como Jorge E. Maldonado, Jorge A. León, Osvaldo O. Marino, Dorothy Flory de Quijada, Elsy Regina Carvalho, Celso William Chignoli, entre muchos otros autores cristianos, en sus publicaciones corroboran lo que el Dr. Richard Marrs, a su introducción de la nueva edición en inglés afirma sobre este importante trabajo de Koehler, a saber, la necesidad de la confesión y la absolución, fundamentales en el aconsejamiento pastoral.

Personalmente, durante mis más de 40 años con un ministerio de apoyo para parejas y familias, he encontrado un gran número de personas que están luchando por perdonar a alguien que les ha hecho daño. Quizás *entienden* la importancia del perdón; sin embargo, a pocos se les ha enseñado *cómo* perdonar. Una razón crítica que continúa el ciclo interminable de amargura y venganza se debe a una visión inexacta o distorsionada del perdón. Existe un número de recursos que explican lo que el perdón es, pero hay poco para ayudar a una persona a implementar diariamente el perdón ante toda clase de situaciones personales y familiares. A menudo, personas se resignan a lanzar palabras que no tienen sentido ni valor en el proceso de la reconciliación.

La reconciliación es un don de Dios. Un precioso regalo de Dios que le costó muy caro. Le costó la vida de su Hijo Jesús, quien tuvo que morir en la vergonzosa cruz para pagar el precio de todas nuestras ofensas y pecados a fin de reconciliarnos con Dios y efectuar la reconciliación con quienes nos han ofendido.

Para ilustrar cómo funciona la reconciliación, propongo el siguiente ejemplo: La mano nos sirve como una imagen de lo que puede significar el perdón en nuestra vida conyugal y familiar. Cada uno de los cinco dedos es importante. Más aún, contemplar toda la mano como una unidad solo ocurre cuando apreciamos a cada dedo y cómo interactúan todos juntos en el hermoso movimiento y agilidad de la mano.

La palma de la mano

La palma de la mano representa el ejercicio diario de vivir en el perdón de Dios: llámese el proceso de la reconciliación.

Comúnmente decimos que "estamos en las manos de Dios". El Salmista confirma ésto cuando dice: "Detrás y delante me rodeaste y sobre mí pusiste tu mano" (Salmo 139:5). El profeta afirma: [Dios dice] "...yo nunca me olvidaré de ti. He aquí que en la palma de mis manos te tengo esculpida..." (Isaías 49:15-16). "En tu mano encomiendo mi espíritu; tú me has redimido, Señor, Dios de verdad" (Salmo 31:5).

La reconciliación viene a través de la confesión de pecados (admitir, confesar, expresar, arrepentir, reconocer, lamentar, sincerar, lograr transparencia) y la absolución en Cristo (perdón completo y perfecto, creer y confiar plenamente en ese perdón, perdonar, absolver, reconciliar, restablecer, restaurar, reponer, sanar, edificar, reconstruir). Es importante establecer el proceso de restaurar la confianza perdida a causa de una ofensa. El perdón "re-conecta", repara y remedia el daño causado por esa ofensa o acción errada. A veces hay que recordar a la persona perdonada la seriedad y complejidad de sus acciones, pero especialmente que el sincero deseo de quien perdona es rescatar y restaurar lo dañado, por el perdón de Cristo, en el amor de Cristo. Examinaremos, con el siguiente breve ejercicio, cómo cada dedo tiene importancia para la mano de "reconciliación".

El dedo más pequeño, el meñique

Representa la necesitad de saber pedir perdón.
A veces es muy importante entrar en detalle en vez de un simple: "Oye, me equivoqué, perdóname" o algo parecido.
Mejor sería decir algo como: "Mi amor, *te ofendí* con lo que hice. Sé que fue totalmente inapropiado lo que hice y sé que te lastimé. No lo mereces, y nuestra relación tampoco debería sufrir esta clase de egoísmo y arrogancia de mi parte. Estoy avergonzado y apenado por lo que hice. Te pido que me perdones. No quiero lastimarte. No quiero lastimar lo nuestro."

El que le sigue, el dedo anular

Representa la importancia de dar (ofrecer) el perdón en Cristo.
Es fácil responder al penitente con palabras como: "Tranquilo, no pasó nada. Olvídalo."
Mejor es decir algo como: "Mi amor, gracias por haber admitido lo que hiciste. Sí, de veras me ofendiste y eso me dolió. No esperaba eso de ti pero ahora al admitirlo, quiero que sepas que te amo y por eso, así como Dios nos perdona, yo también te perdono. *Te perdono* en el amor de Cristo nuestro Salvador (absolución). Te amo."
Hay absolución. La ofensa en este caso ha sido perdonada. Se restaura la armonía.

El dedo más largo, el dedo corazón (dedo cordial o dedo medio)

Representa la importancia de expresar siempre con palabras que es necesario reconocer, recibir, agradecer, y apreciar el perdón recibido, porque el perdón viene de Cristo.
Muchas veces nos conformamos con admitir y recibir perdón, usando solamente dos dedos. ¡Y se acabó! Pero hay tres dedos más.
Mucho mejor es decir algo como: "Mi amor, *gracias* por tu perdón. Es un gran alivio escuchar tus palabras. Quiero vivir en ese perdón y de esa manera cobrar

el ánimo y las fuerzas para tratar de no volver a ofenderte como lo hice. Gracias por tu amor y tu generosidad al perdonarme. Muchas gracias. Te amo en el amor de Cristo."

El dedo índice

Representa el ejercicio de "perdonarse a sí mismo" en Cristo, de ejercer el perdón de Cristo diariamente consigo mismo.

Los primeros tres dedos han servido muy bien para aclarar, tomar responsabilidad por nuestras propias acciones y errores. Pero a veces el revolvimiento de la consciencia, el rencor hacia uno mismo (¡qué torpe fui; no puedo hacer nada bueno!), el sentirse defraudado consigo mismo, la depresión, la ira dirigida a sí mismo (¡qué estúpido he sido!), entre muchas otras reacciones negativas y a veces destructivas, no permiten confiar en el perdón de Cristo. De repente no sabemos que el perdón sana, especialmente a mi propia persona; he allí la importancia de la frase "perdonarse a sí mismo". Esto no significa que el perdón viene de mí mismo. Significa que el perdón de Cristo también *es* para mí.

El dedo gordo, o el pulgar

Pegado al lado del dedo índice está el "gordito", el pulgar.

Representa creer en el perdón *de* Cristo, confiando *en* Cristo para perdón de nuestros pecados.

Este dedo es distinto a los otros cuatro. Y, sin embargo, es el único que con gran agilidad puede tocar "punta-a-punta" los otros dedos. En cierto sentido, representa el perdón *de* Cristo que da fuerza, importancia y vitalidad a todos los "pasos" descritos con los otros dedos. Nos recuerda el don de la fe en Cristo quien hace posible toda reconciliación con Dios y el prójimo.

El ejercicio cobra aún más importancia cuando dos manos se unen, entrelazando sus dedos. Este acercamiento une a las personas en el constante ejercicio de perdonarse y reconciliarse, fortaleciendo sus lazos afectivos de compromiso y mutuo aprecio, validación y apoyo.

La imagen de la mano nos recuerda tomar muy en serio el perdón y la reconciliación, y de ponerlo en práctica todos los días. Resalta cinco importantes lecciones:

1. Perdonar no es una opción.

Para quienes confiamos en Jesucristo, el perdón es un precioso regalo de Dios; ese perdón le costó la vida de su Hijo Jesucristo. Si resistimos perdonar a otros y "abrazamos el rencor", nos condenamos a nosotros mismos porque no confiamos en el perdón de Cristo. No perdonar nos condena a una vida miserable y esto nos lleva a una existencia torturada (Mateo 18:21-35). Obviamente nosotros no somos los que perdonamos el pecado, solo Cristo perdona todo pecado, pero al perdonar a otros y a "nosotros mismos", estamos tomando el perdón en Cristo para ponerlo en práctica. La realidad del pecado nos lleva al arrepentimiento porque el pecado daña, lastima, ofende, destruye, y mata. Con el fin de derrotar el pecado y traer nueva vida, Cristo nos perdona, para darnos su paz y poder vivir en paz con otros. No somos los autores del perdón, eso lo hace Cristo. Él nos perdona todo nuestro pecado y en su nombre podemos perdonar a otros. Aprendemos a perdonar confiando en Cristo. Él nos guía, instruye y fortalece con la presencia del Espíritu Santo para aprender a perdonar. No perdonar es rechazar la obra de Cristo a favor nuestro.

2. El perdón no aprueba el mal que se ha cometido.

Dios nunca aprueba nuestro pecado, más bien lo señala y lo condena. Todo pecado siempre causa daño, produce muerte. Pero Dios sí nos perdona, dándonos vida y vida en abundancia. Porque, "Dios es fiel y justo para perdonarnos nuestros pecados y limpiarnos de toda maldad" (1 Juan 1:9). No es fácil perdonar. La memoria del mal cometido, queda; hay rencor, hay sentimientos de culpa y remordimiento. El pecado causa estos efectos. Pero el perdón de Cristo nos capacita para hacerle frente a esos sentimientos y el Espíritu Santo nos conduce a confiar en Cristo y en la paz que él nos ha dado (Filipenses 1:27-2:11).

3. Perdonar es una decisión, requiere esfuerzo.

El perdón no es un simple sentimiento, o algunas bonitas palabras para salir del paso. Todavía sentimos dolor cuando nos acordamos de quienes nos han lastimado y muchas veces recordamos el incidente que nos hirió. Con el perdón de Cristo, aprendemos a tomar esos pensamientos que nos cautivan y los entregamos a Cristo (2 Corintios 10:3-5). Luego, luchamos con nosotros mismos y trabajamos con quienes nos han ofendido o lastimado para lograr la reconciliación. Cristo pagó el perdón con su propia vida. Y por nuestra confianza en él, recibimos su preciosa restauración.

4. El perdón y la reconciliación son inseparables.

Perdonar a otros es darle a Cristo cualquier pecado cometido en contra nuestra y luego vivir en la paz que viene de él. La reconciliación es un proceso hacia una relación restaurada, luego de una ofensa. Esto incluye el tratar con las consecuencias del pecado. A veces hay perdón pero las relaciones siguen dañadas, no por falta de perdón, sino por falta de confianza y sincera voluntad para restituir y reparar el daño hecho. Hay casos donde es necesario exigir límites de interacción si una persona sigue lastimando a otras sin arrepentimiento y sin el sincero deseo de cambiar, viviendo a la luz de propósito del perdón en Cristo. Algunas relaciones no serán reconciliadas (tales como abusos, daños emocionales severos, muerte, y otros hechos y actitudes destructivas). Quien ha sido ofendido o lastimado puede perdonar, pero quizás sin lograr una completa reconciliación. Esperamos en Dios que ocurra. Alguien ha dicho: "Nadie puede regalar lo que no posee." La reconciliación implica que todas las partes están dispuestas a vivir en el perdón de Cristo y reconstruir la confianza de convivir en armonía. El perdón de Cristo nos une nuevamente con nuestro Padre celestial y las consecuencias del pecado son quitadas. En Cristo recibimos el perdón para que éste defina nuestro nuevo estilo de vida, como personas, en el matrimonio, en la familia y en todas nuestras interacciones con los demás (Colosenses 2:6-15).

5. El perdón de Dios tiene el poder de cambiar nuestro legado familiar por generaciones. ¡Esta es una buena noticia! El perdón afecta mucho más que solo a quien perdona. Otros recibirán el beneficio del perdón de Dios, teniendo en cuenta que perdonar es de Dios y es su voluntad, más allá de nosotros. He allí la bendición del perdón de Cristo. El perdón nos mueve a la reconciliación, porque restaura, restablece, sana y renueva nuestras relaciones con otros. La decisión de caminar en el perdón de Cristo nos da la oportunidad de compartir a Cristo con otros y vivir en su paz y amor. Esto trae sanidad y esperanza a nuestras relaciones con otros (Colosenses 1:15-23).

Dios nos motiva y nos guía con su santa voluntad. Por eso es que el llamado que nos hace al arrepentimiento es constante, y es bueno que así sea, porque lo necesitamos a diario, ya que muy fácilmente nos jactamos de nuestros logros, de nuestra sabiduría y nos enredamos con nuestra auto-justificación. ¿Cómo reaccionamos ante su llamado al arrepentimiento? ¿Nos enojamos con él porque nos llama al arrepentimiento? ¿Nos molesta que nuestros seres queridos nos digan que nos equivocamos, que el pecado nos domina, que nos falta consagración y amor por ellos?

Por medio de su Palabra, Dios sigue llamándonos. Esa actitud amorosa de Dios se hizo palpable cuando sentenció a su Hijo a la pena de muerte para que nosotros pudiéramos ser declarados libres, abrazados en el calor de su amor y perdonados. ¡Cuánto amor, paciencia, y buena voluntad mostró Dios por nosotros en Jesús!

Este libro le guiará por todo este proceso, especialmente a ejercer un ministerio de la reconciliación (2 Corintios 5:11-21) y a enseñar a otros a vivir es este perdón divino. ¡Adelante!

PROF. MARCOS N. KEMPFF, BS, DCE, MS (Familia)
Centro de Estudios Hispanos
Seminario Concordia, St. Louis

Prefacio a la edición original

La semilla para este libro fue sembrada muchos años atrás, cuando estaba en la clase de teología pastoral con el profesor Harry C. Coiner. Su mayor preocupación era que nos tomáramos en serio el aplicar la palabra de Dios a las situaciones de la vida humana. Le estoy agradecido por su enseñanza, y también por el aliento de dos profesores del Seminario Concordia de St. Louis—el Dr. Rudolph Harm y el Dr. Martin Scharlemann.

Quiero expresar mi aprecio a mi esposa Merle por su apoyo y aliento mientras escribía este libro. Quiero reconocer a Ivars Osis por su ayuda en la edición, y a Laurie Houston por pasar a máquina con alegría el manuscrito.

Este libro fue escrito con la esperanza de reforzar el campo de la consejería pastoral a nivel funcional y teológico, a partir de la consideración del recurso de la confesión y absolución individual. Las contribuciones de la confesión y absolución individual al consejero pastoral son a la vez fascinantes y funcionalmente realistas. ¡Que nuestros esfuerzos en el ministerio pastoral provean sanidad y restauración a las personas, y gloria a su nombre!

Introducción a la edición original

Dentro de las personas existe una profunda necesidad de admitir desconfianza y de confesar el pecado y la culpa. El problema de aliviar la angustia emocional y la presión del pecado en la sociedad occidental moderna, por lo general recae en dos tipos de consejeros: psicoterapeutas[1] y clérigos. Los psicoterapeutas han sido llamados los confesores del siglo veinte. Como consejeros pastorales, los clérigos son vistos como religiosos locales dispuestos a escuchar.

Se puede discutir que el relativamente reciente surgimiento en su popularidad de los consejeros ha hecho que los psicoterapeutas y clérigos se conviertan en extraños colegas. Sin lugar a dudas, el movimiento moderno de consejería pastoral se hizo prominente con el surgimiento de la psicoterapia. La calidad e interpretación de tal relación es el tema de gran parte del debate contemporáneo. Algunos ven la relación entre la psicoterapia y la consejería pastoral como un buen matrimonio que ha producido hijos de Dios; otros lo ven como nada menos que una unión adúltera que ha producido bastardos dentro de la iglesia. Bruce Narramore resume de la siguiente manera algunas de las preocupaciones de la iglesia:

> La mayoría de nosotros ve esta tendencia con sentimientos encontrados. Por un lado, vemos el gran potencial en un estudio científico del hombre... Sin lugar a dudas, las nuevas perspectivas de la psicología pueden ayudarnos en estas áreas. Por otro lado, el rápido crecimiento de las ciencias y profesiones psicológicas también puede ser visto como una intrusión en el

1 El término "psicoterapeuta" es usado en el sentido amplio, incluyendo a todos los consejeros profesionales que hacen estudios o están involucrados en actividades terapéuticas que tienen que ver con la salud mental.

> ministerio de la iglesia. Sentimos una amenaza velada (o a veces obvia) a la autoridad de las Escrituras, la realidad de lo sobrenatural y el rol del ministerio cristiano.[2]

Como los problemas de satisfacer las necesidades y angustias humanas continúan preocupando a la iglesia, cada disciplina está forzada a examinar más de cerca su llamado y recursos. La consejería pastoral no es una excepción. Su aceptación generalizada y su uso a nivel parroquial y del seminario, indica claramente que la consejería pastoral no sólo ocupa sino que también marca el rumbo a una porción significativa del ministerio funcional dentro de la iglesia. Desde un punto de vista crítico, la consejería pastoral debe ser evaluada en términos de su capacidad de lograr un cuidado pastoral auténtico.

Un área de preocupación a menudo mencionada se centra en el sentimiento que una gran parte de la consejería pastoral contemporánea, especialmente la que se basa fuertemente en la psicología y psicoterapia, resulta ser tanto teológica como funcionalmente inadecuada cuando trata pastoralmente los problemas de pecado y culpa. Además, la falta de consenso con respecto al campo de la consejería pastoral nubla una determinación significativa de lo que constituye tanto el ministerio público como el resultado de un cuidado pastoral auténtico. Este volumen busca disipar parte de la niebla que envuelve a la consejería pastoral, y dar luz a las posibilidades y recursos que la confesión y absolución individual tienen para una consejería pastoral efectiva.

En el capítulo uno se examinan algunos de los principales énfasis y tensiones en la consejería pastoral. Se hace un intento por definir el término "consejería pastoral", y se da un resumen y análisis del desarrollo de la consejería pastoral actual de Norteamérica. Se describe la relación entre consejería pastoral y psicoterapia, sin esquivar las varias tensiones en el campo de la consejería pastoral. La sección concluye resaltando la naturaleza única de la consejería pastoral cristiana.

La confesión y absolución individual, y su relación con la teología y práctica luterana, es el enfoque del capítulo dos. Allí se explora la esencia de la confesión y absolución individual, junto con su valor, necesidad y relación a un número de conceptos teológicos concomitantes. Esta sección se resume con una reflexión sobre la práctica contemporánea de la confesión y absolución individual en el luteranismo; esto define las bases teológicas y el punto de referencia para el análisis y evaluación en el capítulo uno, y para la integración de los materiales en el capítulo tres.

El capítulo tres describe las contribuciones de la confesión y absolución individual para el consejero pastoral. Se considera con especial atención la relación entre la confesión y absolución individual y la consejería pastoral, dándosele

2 *Bruce Narramore, "Perspectives on the Integration of Psychology and Theology," Journal of Psychology and Theology, 1 (Enero 1973), 3.*

especial atención a la importancia y contribución tanto de la confesión, como de la absolución. Finalmente, en la conclusión se presentan las posibilidades inherentes a la confesión y absolución individual como una herramienta efectiva para el cuidado pastoral auténtico.

El cuidado pastoral, junto con la confesión y absolución individual, ofrecen una contribución más efectiva al consejero pastoral que cualquier otra aproximación tomada por separado. Cuando son usadas en conjunto, proveen un procedimiento de cuidado pastoral que capitaliza en los puntos fuertes de cada una, a la vez que remedia sus respectivas deficiencias.

Este libro no es un tratado teológico exhaustivo o profundo sobre este tema. Más bien, busca presentar un marco práctico o funcional para que el pastor tenga una manera efectiva de llevar a cabo su cuidado pastoral. Estoy en deuda con quienes ya han presentado los diversos aspectos de la confesión y absolución individual en el luteranismo enfocándose en materiales de adoración, evaluando los cambios teológicos con respecto a la confesión y absolución, llamando a un reavivamiento de lo confesional, estudiando la práctica de la confesión y absolución, o explorando las dinámicas psicológicas de la confesión.

Es mi deseo que estas páginas contribuyan a la comprensión y aplicación de la tarea pastoral, proveyendo una evaluación teológica de algunos de los énfasis y tensiones que existen en la consejería pastoral actual. El lector es desafiado a enfocarse en el descuidado recurso cristiano de la confesión y absolución individual como algo pertinente para saciar la necesidad humana. En particular los pastores son desafiados tanto a redefinir como a reevaluar sus responsabilidades pastorales de acuerdo al ámbito de la consejería de sus días. Es mi deseo que las páginas que siguen expresen pensamientos válidos acerca de lo que realmente significa realizar un ministerio auténtico de reconciliación.

Capítulo I

ÉNFASIS Y TENSIONES EN LA CONSEJERÍA PASTORAL

La disciplina de la consejería pastoral ha multiplicado en las últimas décadas. La teología que estalla rompiendo esquemas siempre llama la atención. Uno nunca sabe si va a autodestruirse, si sólo va a hacer ruido y humo y luego disolverse en partículas, o si va a mover montañas en el ministerio. Estoy convencido que algunas montañas han sido movidas, pero cierto polvo y confusión continúan estando en el aire. Por lo tanto, es necesario que mantengamos un ojo abierto a sus beneficios y responsabilidades.

Hacia una definición de consejería pastoral

Al igual que el amor, el término general "consejería" puede cubrir una multitud de pecados. Se refiere a una gran variedad de procedimientos, incluyendo: aconsejar e informar, alentar la verbalización de dificultades, ayudar a trabajar los conflictos internos, interpretar los resultados de estudios, y psicoanalizar. Dos objetivos establecidos por la Asociación Americana de Psicología son: "Ayudar a los individuos a vencer los obstáculos que les impiden el crecimiento personal, donde sea que estos se encuentren, con el objetivo de lograr el desarrollo óptimo de sus recursos personales."[1]

En la consejería están involucradas personas de diferentes profesiones. Detrás de la consejería se encuentra un área adicional de experiencia que es o bien esperada o requerida por parte de la persona que va en busca de esa consejería.

1 American Psychological Association, Division of Counseling Psychology Committee on Definition, "Counseling Psychology as a Specialty," American Psychologist, 11 (1956), 282–85.

Por ejemplo, hay consejeros para la educación, consejeros para la salud, consejeros matrimoniales, consejeros pastorales, y consejeros vocacionales.
Para ser efectiva, la dinámica humana de la relación de consejería, por ejemplo los intercambios entre el consejero y el paciente, debe caer en patrones de comunicación significativa. Seward Hiltner dice que "toda consejería se beneficia de la aceptación, comprensión, y clarificación de los conflictos internos".[2] En este aspecto, las diversas técnicas utilizadas en la consejería pastoral pueden ser similares, si no idénticas, a las utilizadas en otros tipos de consejería. La consejería pastoral comparte un parentesco y correspondencia básicos con otras formas de consejería. Aquí yacen la oportunidad y el peligro. Un pastor puede ser inducido a utilizar algunas de las técnicas y conceptos de las psicoterapias populares como el análisis transaccional, la Gestalt, la terapia centrada en el cliente, la terapia racional-emotiva, logoterapia, terapia de integridad, terapia de realidad, y muchas otras. De las diversas psicoterapias se pueden obtener conocimientos, pero se debe observar que las técnicas no lo son todo. Frecuentemente son sólo una parte, junto con conceptos, objetivos, valores, y suposiciones.
De la literatura actual de consejería pastoral y psicoterapia emergen seis puntos de vista con respecto a la comprensión y uso de los términos "pastoral" y "consejería pastoral". Las seis categorías comienzan con una comprensión amplia de los términos, y terminan con una más estrecha o definida.

1. *Tener una perspectiva moral*

El "consejero pastoral" es considerado el guía espiritual o consejero moral. Cualquier consejero, cristiano o no, se convierte en pastoral cuando trata situaciones que involucran valores espirituales o guía moral.

2. *Basarse en valores cristianos*

"Pastoral" se refiere a cualquier consejero que toma en cuenta o personifica los valores cristianos. Este marco de referencia implica que los abogados, maestros, vendedores, etc., pueden ser considerados pastorales en su trato.

3. *Establecer una relación de cuidado*

"Pastoral" se refiere al proceso y empatía involucrados en establecer una relación de cuidado. Ser "pastoral" es visto en términos de un pastor buscando a la oveja perdida: al herido, al enfermo, al doliente, al confundido, al desesperado. De acuerdo a este punto de vista, todos los consejeros son pastorales cuando demuestran tal cuidado amoroso.

4. *Extender un brazo de la iglesia*

La "consejería pastoral" se vuelve limitada al tipo de consejería realizada por las personas en el servicio de la iglesia, por ejemplo, los líderes espirituales

2 *Seward Hiltner y Lowell G. Colston, The Context of Pastoral Counseling (New York: Abingdon Press, 19(1), 24.*

reconocidos que no son clérigos. La consejería pastoral, entonces, es vista como un brazo del ministerio dentro de la organización de la iglesia. Tales personas, como los líderes de jóvenes, los maestros de escuela dominical y los ancianos de la congregación, podrían estar involucradas en la consejería pastoral.

5. ***Ser ordenados***
"Consejero pastoral" es una designación reservada para el clérigo ordenado o reconocido de un grupo religioso formal. Estas personas no necesitan ser parte de un ministerio parroquial, pero sí deben realizar la consejería bajo el auspicio directo de la iglesia.

6. ***Funcionando como pastores parroquiales***
Aquí se implica específicamente que es el pastor quien está involucrado. La "consejería pastoral" está limitada a los miembros de su parroquia que lo buscan para pedirle consejo porque él es el pastor espiritual de sus vidas.

Tales expresiones de laxitud por un lado y limitación por el otro, en el uso de los términos "pastoral" y "consejería pastoral", hacen obvia la razón para la abundante ambigüedad que existe entre los escritores en el campo de la consejería pastoral actual. Esta confusión de pensamiento y falta de consenso también ha enturbiado una clara comprensión del oficio pastoral. La fuerza del término "consejería pastoral" se encuentra en el sentido estrecho y definido que limita el término "pastoral" a quienes son pastores ordenados y líderes clérigos de la iglesia que se desempeñan en el ministerio público, cuyos objetivos incluyen los objetivos de la iglesia, y quienes se encuentran bajo los auspicios directos de la iglesia.

Una mayor comprensión de la naturaleza de la consejería pastoral puede ser hallada en el motivo de la persona que busca ayuda. En este aspecto, pareciera que los laicos no comparten su incertidumbre o falta de claridad, como lo hacen algunos profesionales, con respecto a qué constituye la consejería pastoral. Una persona que va a ver a un pastor en busca de consejería, usualmente lo hace sabiendo, y quizás incluso deseando, que los valores y recursos espirituales sean parte de la conversación. Toda consejería es formada tanto por la persona del consejero, como por el contexto en el cual se lleva a cabo. Para comprender la consejería pastoral dentro de las dimensiones generales del ministerio, es importante notar la relación entre la consejería pastoral y el cuidado pastoral. En breve, la consejería pastoral es una aplicación del ministerio dentro del ministerio del cuidado pastoral. Carroll Wise dice:

> La consejería pastoral no debe ser identificada con el cuidado pastoral, sino que ella es una de las muchas formas del cuidado pastoral... Toda la consejería pastoral debería involucrar cuidado pastoral, pero no todo el cuidado pastoral se realiza a través de la consejería.[3]

3 *Carroll A. Wise, The Meaning of Pastoral Care (New York: Harper and Row, 1966), 67.*

Si bien estas preocupaciones entre la consejería pastoral y el cuidado pastoral son válidas, usualmente existe una reconocida diferencia en su ejecución. El proceso de la consejería pastoral es, generalmente, un arreglo por un tiempo limitado y suscrito a un marco de referencia específico. El cuidado pastoral, por otro lado, no es limitado por el tiempo y tampoco es estructurado, por lo cual permite muchas opciones y aproximaciones.

A medida que la consejería pastoral busca recuperar su base teológica dentro de las miles de terapias actuales, se puede ver una creciente apreciación de sus raíces. La creciente insistencia es que la consejería pastoral no necesita ser considerada una forma adjunta de psicoterapia, sino más bien una disciplina en su propio juicio, que surge de una larga historia de concientización de cuidado pastoral en la iglesia.

En vista de los temas que surgen con respecto a la naturaleza básica de la consejería pastoral, debemos resaltar la relación intrínseca que existe entre la consejería pastoral y el cuidado pastoral. Para los efectos de este trabajo, emerge así la siguiente definición de consejería pastoral: la consejería pastoral es la función del oficio pastoral llevada a cabo por pastores reconocidos y líderes clérigos de la iglesia, quienes utilizan los recursos de la profesión de la salud mental y la fe cristiana para asistir a las personas en la comunicación de sus sentimientos personales. Dichos recursos son utilizados para vencer aquellos obstáculos que pueden impedir el sentido y la satisfacción personal en la relación con Dios, consigo mismo, y con otros. Esto deja en claro que la elección del consejero pone el problema en una dimensión teológica, y permite que el objetivo supremo de la iglesia sea afirmado.

Un resumen del desarrollo de la consejería pastoral

La consejería pastoral es tan antigua como la iglesia. A pesar de ser nueva en su forma y reciente en popularidad, sus propósitos, dirigidos al cuidado y cura de las almas, han sido siempre parte del ministerio pastoral. A través de la historia de la iglesia, los pastores han estado profundamente conscientes de la necesidad de ministrar en forma significativa a las personas angustiadas, y han intentado satisfacer esa necesidad con diversos métodos y recursos.[4]

El movimiento de consejería pastoral moderno en los Estados Unidos de América tuvo su comienzo en la década del 1930. Su surgimiento se debió a dos razones principales: (1) interés en la psicología de la religión, y (2) el uso de la experiencia clínica. Pronto estas dos hebras se entrelazaron con otras varias influencias que afectaron la consejería pastoral. Algunos seminarios

4 Tratados excelentes y detallados de la historia del cuidado del alma pueden ser encontrados en William A. Clebsch y Charles R. Jackel, Pastoral Care in Historical Perspective (Englewood Cliffs, N.J.: Prentice Hall, Inc., 19(4); Charles F. Kemp, Physicians of the Soul: A History of Pastoral Counseling (New York: MacMillan Co., 1947); John T. McNeil, A History of the Cure of Souls (New York: Harper and Bros., 1951) y Herbert T. Mayer, Pastoral Care: Its Roots and Renewal (Atlanta: John Knox Press, 1979).

comenzaron a dar cursos sobre la psicología de la religión a comienzos del 1900, usualmente relacionados con la educación religiosa. En la década de 1930, la literatura sobre la psicología de la religión comenzó a hacer referencia especial a la consejería y al consejero religioso. En 1938 fue publicado el libro *Pastoral Psychiatry* (Psiquiatría pastoral), de John Sutherland Bonnell, uno de los primeros en prestar atención exclusiva al pastor como consejero. En 1939, Rollo May publicó *The Art of Counseling* (El arte de aconsejar), uno de los primeros estudios sistemáticos de consejería.[5]

En la década de 1920 se hicieron serios intentos de entrenamiento clínico. Sin embargo, ya en 1893 Henry Drummond había abogado por cierta forma de entrenamiento clínico para pastores y seminaristas en un trabajo titulado "Diagnosis espiritual". Los sentimientos de Drummond surgieron de sus propias "experiencias clínicas" en las campañas de reavivamiento de Moody, donde había encontrado personas que sufrían necesidades y angustias de todo tipo.

Treinta años más tarde, dos médicos concretaron los intentos de proveer cierta experiencia clínica para los estudiantes: el Dr. William Keller, de Cincinnati, Ohio, y el Dr. Richard C. Cabot, de Cambridge, Massachusetts. El Dr. Cabot se interesó mucho en las experiencias de Anton T. Boisen, un ministro de una congregación quien, luego de ser paciente en un hospital mental, se convenció que la iglesia estaba descuidando seriamente las enfermedades emocionales y mentales de las personas. El Dr. Cabot asistió al Dr. Boisen para lanzar un programa de capellanía que incluyó entrenamiento clínico en el Worchester State Hospital en Massachusetts. Pronto, Boisen se convirtió en el vocero que desafió a la iglesia a hacerse cargo de las necesidades emocionales de la sociedad. En 1930 se organizó el Concilio para Entrenamiento en Clínica Pastoral.

Lo que Boisen hizo para el entrenamiento clínico dentro del contexto de los hospitales para la salud mental, Russel L. Dicks lo hizo en el ámbito de los hospitales generales. Dicks colaboró con Cabot y, en 1936, publicó *The Art of Ministering to the Sick* (El arte de ministrar al enfermo). Ese mismo año, Boisen publicó *Explorations of the Inner World* (Exploraciones del mundo interno).[6]

A estos siguieron los reconocidos volúmenes de Dicks, Hiltner y Wise.[7] Hiltner, Wise, y Rollo May fueron todos estudiantes de Boisen, quien es generalmente reconocido como el padre del entrenamiento en consejería pastoral.

Otros factores o influencias mayores que han afectado el desarrollo de la disciplina que ha emergido como consejería pastoral, son: (1) el clima teológico de América del Norte; (2) el método psicoanalítico profundo de Freud; (3) la

5 John Sutherland Bonnell, Pastoral Psychiatry (New York: Harper and Bros., 1939); Rollo May, The Art of Counseling (New York: Abingdon-Cokesbury Press, 1939).

6 Russell L. Dicks y Richard C. Cabot, The Art of Ministering to the Sick (New York: MacMillan Co., 1936); Anton T. Boisen, Exploration of the Inner World (New York: Harper and Bros., 1936).

7 Russell L. Dicks, Pastoral Work and Personal Counseling (New York: MacMillan Co., 1945); Seward Hiltner, Pastoral Counseling (New York: Abingdon-Cokesbury Press, 1949); Carroll A. Wise, Pastoral Counseling: Its Theory and Practice (New York: Harper and Bros., 1951).

psicología clínica; (4) el uso y prominencia de la psicoterapia; (5) la filosofía y psicología existencial; y (6) una creciente exploración por parte de la profesión médica de las enfermedades psicosomáticas y neurosomáticas.[8]

Las grandes divisiones teológicas de la década del 1920, que dividieron a la mayoría de las denominaciones de la iglesia de Estados Unidos en "conservadoras" y "liberales", promovieron un énfasis científico-psicológico en entrenamiento y consejería pastoral. En un sentido amplio, la posición conservadora trató de preservar del modernismo surgente, la posición autoritaria basada en la Biblia del protestantismo histórico. La posición liberal utilizó los métodos de la ciencia moderna como un vehículo para presentar los valores permanentes y centrales del cristianismo para las necesidades de un mundo moderno. Narramore observa:

> Se rebelaron contra la forma "pesimista" en que los fundamentalistas ven al hombre, y comenzaron a tener esperanza en que, a través del esfuerzo humano, se pueden encontrar soluciones factibles a los dilemas del hombre. A medida que este segmento de la iglesia se fue alejando de la teología bíblica y la salvación personal, se fue volcando cada vez más a la sociología, la psicología, y la política como un medio alternativo de ministrar a las necesidades del hombre.[9]

Tanto las ramas liberales como las conservadoras de la iglesia reaccionaron en forma rápida y diversa a los acontecimientos y direcciones tomadas por el movimiento de consejería pastoral. Generalizando, los liberales aceptaron casi sin críticas los nuevos avances y tendencias en consejería pastoral. El entrenamiento en clínica pastoral trató de alentar a los ministros a ser más sensibles a las necesidades psicológicas de las personas. Estas preocupaciones encajaron bien con la teología de la liberación, que consideraba la psicología como una avenida científica para ministrar a las necesidades internas de las personas. En las décadas de 1930 y 1940, el elemento más liberal del movimiento de consejería pastoral fue castrado teológicamente a través de la adopción de la psicología profunda y del método psicoanalítico de Freud. Por lo tanto, gran parte del movimiento de consejería pastoral comenzó a adquirir un enfoque abiertamente humanista.

8 Esta separación también es comúnmente conocida como la Controversia Fundamentalista-Moderna. Las enseñanzas que los conservadores consideran fundamentales incluyen la depravación humana, la salvación personal, el sacrificio expiatorio, el nacimiento virginal, la resurrección física, la segunda venida de Cristo, el cielo y el infierno, y la inerrancia de la Escritura. El ala liberal eligió ministrar a las necesidades sociales del hombre, enfocándose en el potencial humano y la acción social a través del evangelio social. La ciencia tuvo tanta autoridad como las Escrituras. Durante dicha controversia, los temas no fueron siempre los mismos, pero las actitudes engendradas por ambas partes siempre fueron predecibles.

9 Bruce Narramore, "Perspectives on the Integration of Psychology and Theology," Journal of Psychology and Theology, 1 (January 1973), 7.

Acontecimientos paralelos en la esfera de la psicoterapia moderna han tenido un efecto tremendo en la consejería pastoral moderna. Tal relación ha sido natural, dado que las dos disciplinas entraron en escena casi al mismo tiempo, encararon muchos de los mismos problemas básicos de la naturaleza humana, y ambas fueron afectadas por influencias externas similares. Más adelante hablaremos acerca de su relación.

Sintiendo que Freud había pasado por alto específicamente la influencia del ambiente social en la vida de las personas, un grupo de analistas y teóricos interpersonales buscaron, cada uno a su manera, de modificar las interpretaciones de la escuela de psicología profunda ortodoxa freudiana. Algunos de los ejemplos más conocidos son Adler, Alexander, Fromm, Horney, Rank, y Sullivan.

La reforma más directa de las técnicas de consejería se produjo a través de la experimentación y modificación en los laboratorios de psicología clínica. La psicología clínica bien puede ser llamada el padre adoptivo de la consejería pastoral. La publicación en 1942 de *Counseling and Psychotherapy* (Consejería y psicoterapia) del psicólogo clínico Carl Rogers, introdujo una influencia en la psicología estadounidense que dominó la consejería pastoral durante más de veinte años. [10]

Rogers basó su método en el trabajo de Rank, quien había trabajado para simplificar la complejidad del psicoanálisis freudiano, con el fin de hacerlo más apropiado para la consejería. La "terapia centrada en el paciente", o "no dirigida", de Rogers, parecía servir mejor la situación del clérigo que no estaba entrenado en psicología. El método Rogeriano exige poco del consejero, ya que la responsabilidad de las soluciones del problema y el control de la sesión descansa en el aconsejado. Desde un punto de vista teológico, el método de Rogers estaba basado en presuposiciones más bien humanistas, especialmente en lo que respecta a la naturaleza de los seres humanos. Narramore evalúa el método de Rogers:

> Sus escritos reflejan un fuerte rechazo a la idea que el hombre es básicamente pecador. En lugar de eso, se enfoca en la tendencia innata hacia el crecimiento y la actualización. En un entorno sano, el hombre va a dejar de lado sus reacciones negativas y convertirse en una persona sana y completamente capaz de funcionar... En vez de dar consejo directo a la persona que necesita ser guiada, la "terapia centrada en el paciente" de Rogers alentaba al paciente a buscar sus propias soluciones. El consejero ya no era un experto ni un guía, sino un amigo que escuchaba con empatía, y sin juzgar, los problemas de otro ser humano. [11]

En años más recientes, la filosofía y la psicología existencial también han hecho un impacto en el campo de la consejería pastoral. Luego de dos guerras mundiales, tanto los filósofos como los teólogos comenzaron a revisar sus puntos

10 Carl Rogers, Counseling and Psychotherapy (New York: Houghton Mifflin, 1942).

11 Narramore, 8.

de vista con respecto a la bondad y el potencial de los seres humanos. Quienes luchaban con problemas existenciales adquirieron prominencia. Esas crisis existenciales se convirtieron en la forma de saciar sus necesidades por encontrar un significado e identidad subjetivos y personales en medio de un mundo confuso y sin sentido. Rollo May, Viktor Frankl y Fritz Perls son tres ejemplos de existencialistas que han afectado directamente la consejería pastoral. DeYoung resume la posición existencial con las siguientes palabras:

> Ser humano es ser finito, ansioso, libre, y a la vez responsable, culpable y enfermo hasta la muerte. Cada hombre debe descubrir la verdad que es cierta para él, que le da significado a su vida. Sólo el coraje de ser 'a pesar de', puede liberar al hombre. [12]

Tal pensamiento afectó el ministerio de la consejería pastoral de muchos dentro de las alas liberales y neo-ortodoxas de la iglesia.

Ninguna de las influencias mencionadas, la psicoanalítica, la Rogeriana y la existencial, deja mucho espacio para una teología que considera seriamente el pecado, la salvación personal, y los absolutos bíblicos. Como consecuencia, al principio el desarrollo de la consejería pastoral se dio mayormente dentro de un marco que no era teológico. En este aspecto, Hulme nota:

> En días pasados, la consejería pastoral estaba orientada en la teología pastoral; hoy se centra en la psicología pastoral. El ímpetu para el nuevo movimiento ha venido más de los laboratorios de las ciencias psicológicas, que de la erudición de los teólogos. Es un *seelsorge* orientado psicológicamente. [13]

Muchos líderes cristianos han asumido indiscriminadamente las presuposiciones y técnicas del movimiento de consejería pastoral, sin darse cuenta del precio teológico que pagan todos los involucrados. Esta práctica llevó a Hobart Mowrer, un psicólogo secular, a preguntar: "¿Ha vendido la religión evangélica su derecho de nacimiento por un potaje psicológico?" [14]

Mientras que el ala liberal de la iglesia reaccionaba en forma favorable al movimiento de consejería pastoral, en su mayoría el ala conservadora-fundamental evitaba inmiscuirse en las enseñanzas de la psicología. No queriendo minimizar el lugar de la teología en la consejería, el pastor conservador sabía que el movimiento de consejería pastoral se había originado principalmente dentro

---

12 Quinton R. DeYoung, "An Unknown God Made Known," Journal of Psychology and Theology, 4 (Spring 1976), 90.

13 William E. Hulme, Counseling and Theology (Philadelphia: Muhlenberg Press. 1956), 2.

14 O. Hobart Mowrer, The Crisis in Psychiatry and Religion (Princeton: D. Van Nostrand Co., 1961), 60.

de los movimientos protestantes teológicos liberales, y que había una reticencia a emplear la teología en la consejería pastoral.[15]

A menudo limitada a situaciones de crisis, la consejería pastoral del pastor conservador común era llevada a cabo en forma directa, basada en la Biblia. Los pastores conservadores eran reticentes a adoptar los métodos modernos de consejería psicológica. En algunos casos, esto era una reacción de prejuicio y, en otros, se debía a un deseo genuino de retener una apreciación por el oficio pastoral.

Acontecimientos recientes en la consejería pastoral

Dos grandes influencias han afectado radicalmente al movimiento moderno de consejería pastoral: (1) el surgimiento de psicoterapias contemporáneas, y (2) la multiplicación de la consejería pastoral evangélica y la popularización de los seminarios cristianos.

Varias psicoterapias actuales están libres de teorías filosóficas dudosas, contienen un lenguaje a-diagnóstico y a-técnico, y parecen tener un número de afinidades con los principios cristianos. Estos factores han inducido a muchos líderes eclesiásticos a integrar y utilizar aspectos de estas terapias en su consejería pastoral. Dado que las psicoterapias modernas son tan populares, las presuposiciones y efectos de la psicología secular están teniendo un mayor impacto en la consejería pastoral que el que tuvieron Freud y otros de los primeros teóricos y analistas. Para ilustrar este punto, se dará un breve resumen de la terapia de integridad, terapia de realidad y análisis transaccional.

En 1961, Orval Hobart Mowrer, un profesor e investigador de psicología en la Universidad de Illinois, publicó una colección de artículos y conferencias titulado *The Crisis in Psychiatry and Religion* (La crisis en psiquiatría y religión).[16]

Pero, en vez de señalar las tensiones entre la psiquiatría y la religión, su volumen criticó rotundamente tanto a la psiquiatría convencional, como a la iglesia institucional. Mowrer estaba desencantado con los pobres resultados clínicos obtenidos al tratar las crisis emocionales y mentales siguiendo los lineamientos freudianos tradicionales. Además, protestó contra la falla de la iglesia como institución en ayudar a las personas a resolver su culpa personal, y reprendió a los consejeros pastorales por adorar en los altares del psicoanálisis, imitando y descansando en las respuestas de la psicología secular. Mowrer dijo que el psicoanálisis nació del fracaso de la Reforma protestante de tratar efectivamente con la culpa personal. Al respecto, distinguió el concepto de la justificación por gracia a través de la fe.

15 Frank C. Peters, "Counseling and Evangelical Theology," Bibliotheca Sacra, 125 (January–March 1969), 7.

16 O. Hobart Mowrer, The Crisis in Psychiatry and Religion (Princeton: D. Van Nostrand Co., 1961). Una continuación que subraya muchos de los mismos temas es Mowrer, The New Group Therapy (Princeton: D. Van Nostrand Co., 1964).

Mowrer se aparta de la terapia convencional, especialmente en su comprensión y uso del concepto de pecado y culpa. Él mantiene que la neurosis surge de la culpa no resuelta. De acuerdo a su posición, para obtener alivio y sanidad, la persona neurótica debe afirmar el siguiente silogismo: (a) el pecar es injustificado; (b) he pecado; (c) por lo tanto, debo justificar mi existencia reconociendo mis pecados, cambiando mi manera de vivir, y convirtiéndome en no pecador. A través del proceso terapéutico, Mowrer enfatiza la necesidad de confesar la culpa, y de hacer restitución y expiación por los pecados. Estas acciones llevan a la honestidad consigo mismo y con los demás. Los énfasis claves de la terapia de integridad son la honestidad, la franqueza, la buena disposición, la confesión, y la restitución. La dinámica de la terapia de integridad encontró resonancia en grupos; los "grupos de integridad" se convirtieron en el medio para gran parte del trabajo terapéutico de Mowrer.

El ser franco y abierto involucra "contar la historia personal" a "seres queridos", por más dolorosa que esa experiencia sea. Mowrer cree firmemente que el sufrimiento ayuda a quitar la culpa. Él castiga a la iglesia por hablar tanto sobre el perdón y, sin embargo, "les dejan ir tan fácilmente". Mowrer dice que el énfasis en el perdón que hace la iglesia es anacrónico, ya que es tanto inadecuado como innecesario. El corazón de la terapia de integridad radica en esta área de franqueza, apertura, y confesión que es donde, de acuerdo a quienes la practican, más cerca se encuentran entre sí la psicoterapia y la religión.

Mowrer quisiera que las iglesias protestantes "reconsideren la institución de la confesión y enfaticen la restitución y reforma, y no el perdón". [17]

Si bien lo que Mowrer dice acerca de la confesión y restitución tiene cierto valor psicológico, lo que dice acerca del pecado y el perdón no sólo es superficial y desinformado, sino extremadamente peligroso. Porque lo que de hecho está haciendo, es instando a la iglesia a negar su razón de existir.

Uno de los peligros que corren al leer a Mowrer quienes están orientados hacia la teología, es que él da sus propias interpretaciones y contenido a los términos teológicos. La "teología" que surge del uso y comprensión que Mowrer da a los términos "pecado" y "restitución", por ejemplo, no es más que una evidente justificación por obras. Su concepto de pecado incluye cada pequeña violación contra otra persona (horizontal), pero se le escapa completamente el nivel más profundo de separación y desobediencia en relación a Dios (vertical).

En 1965, William Glasser, un psiquiatra del sur de California, publicó un libro titulado *Reality Therapy* (Terapia de realidad), [18] que también se apartó significativamente de la terapia convencional. La terapia de realidad propone una aproximación práctica y de sentido común, basada en las tres 'R' (*por sus siglas en inglés*): hacer el bien (*doing Right*), enfrentar la realidad (*facing Reality*), y ser responsable (*being Responsible*).

17 Mowrer, The Crisis in Psychiatry and Religion, 196.

18 William Glasser, Reality Therapy: A New Approach to Psychiatry? (New York: Harper and Row, 1965).

Al definir sus conceptos de responsabilidad, la terapia de realidad sustituye "responsabilidad" por "salud mental", e "irresponsabilidad" por "enfermedad mental". La terapia de realidad está fundada en dos necesidades psicológicas básicas: "la necesidad de amar y ser amados, y la necesidad de sentir que valemos para nosotros mismos y para otros". [19] A través del tratamiento, el enfoque de la terapia de realidad se concentra en la conducta y no en las actitudes o sentimientos. La pregunta que se hace es: "¿Qué está haciendo?", en vez de: "¿Por qué lo está haciendo?" La terapia de realidad hace oídos sordos a los conflictos subconscientes. Sin embargo, no excusa la conducta del paciente por causa de esos conflictos. Trata con el presente, no con el pasado. En contraste con la terapia convencional, la terapia de realidad afirma la moralidad de la conducta, y distingue marcadamente entre el bien y el mal.

Al analizar la terapia de realidad, vemos que hay unas cuántas cosas elogiables. Pero también pronto se hace evidente que la terapia de realidad es una versión limitada de la terapia de modificación de conducta. Las nuevas formas de conducta promueven los cambios de conducta. El paciente puede moverse hacia conductas más apropiadas (con sus recompensas) y así practicar la responsabilidad, o puede retener sus patrones actuales de conducta y permanecer irresponsable. Para Glasser, la responsabilidad no es vertical y constante, sino horizontal y cambiante.

Entre las psicoterapias recientes, ninguna ha llegado a tener prominencia tan rápidamente como el análisis transaccional. El uso del análisis transaccional se ha extendido más allá del campo de la consejería y la psicología hasta los negocios, la comunicación y la educación. Se lo encuentra en cualquier lugar donde la comprensión y el mejoramiento de las relaciones interpersonales son vistos como algo necesario y beneficial.

Eric Berne, el fundador del análisis transaccional, se apartó del psicoanálisis en 1956 para desarrollar un nuevo enfoque de la psicoterapia. En 1958, el análisis transaccional, el nombre del nuevo tratamiento y método de diagnóstico de Berne, ya se había establecido sólidamente en la literatura psicoterapéutica. En 1964, Berne publicó *Games People Play* (Los juegos que juegan las personas). En ese mismo año, y con la ayuda de sus colegas, creó la Asociación Internacional de Análisis Transaccional en reconocimiento del creciente número de profesionales de análisis transaccional a través del mundo. [20] La popularización del análisis transaccional aumentó aún más con la publicación del libro de Thomas Harris *I'm OK—You're OK* (Yo estoy bien—tú estás bien) en 1969. [21] Harris puso en un estilo leíble los escritos científicos de Berne.

19 Glasser, 9–11.

20 Eric Berne, Games People Play (New York: Grove Press, Inc., 1964). Este volume se convirtió en el best-seller que promovió el método de AT a la persona común. La Asociación Internacional de Análisis Transaccional tiene su sede en San Francisco, California, y cuenta con más de 8.000 profesionales en el área de ayuda como miembros oficiales.

21 Thomas A. Harris, I'm OK—You're OK (New York: Harper and Row, 1969).

El trasfondo sobre el cual se basa el análisis transaccional es la filosofía que dice que las personas controlan su propia conducta y destino. Esta filosofía, fuertemente derivada del humanismo, hace que la persona sea la fuente y medida de sus valores. "El cambio de conducta se vuelve un proceso auto-dirigido y auto-controlado, en vez de un modelo de cambio dirigido por otro e influenciado externamente."[22] La premisa principal del análisis transaccional es que, dada suficiente información o conocimiento, las personas pueden y realizan cambios en sus conductas.

El valor y popularidad del análisis transaccional parece surgir de su vocabulario simple y de que sus principios pueden ser aplicados toda vez que las personas interactúan. Su punto débil, científicamente hablando, radica en el hecho que es muy poca la información que apoya sus afirmaciones.

Hay relativamente poca información científica que apoye la mayoría de los principios básicos del análisis transaccional. En su mayor parte, no existe información que confirme o rechace, por ejemplo, la validez del modelo, o pruebe si efectivamente funciona en situaciones de terapia o fuera de terapia.[23]

Desde un punto de vista cristiano, la debilidad más grande del análisis transaccional es su concepto y enfoque puramente humanista. El pecado y la culpa delante de Dios no existen para nada. No reconoce la predicación de la ley, el arrepentimiento, la confesión, o la autoridad bíblica. La mecánica de la sanidad propuesta por el análisis transaccional es diametralmente opuesta a la comprensión cristiana.

La terapia de integridad, la terapia de realidad, y el análisis transaccional, operan desde una comprensión filosófica de la naturaleza humana que es diferente de la de la fe cristiana. Se podría argumentar, por ejemplo, que el análisis transaccional chocaría con las presuposiciones del cristianismo al punto que uno no estaría utilizando más el análisis transaccional o habría abandonado la teología cristiana. Los consejeros pastorales que emplean consistentemente los métodos humanísticos de la psicoterapia están, de hecho, socavando algunos de los principios básicos del cristianismo.

Una convicción inquebrantable en cuanto a la fe cristiana y una madurez en cuanto a los niveles educativos, han resultado en que el ala teológica conservadora de la iglesia haga más contribuciones escritas en el área de la consejería pastoral. El movimiento conservador de consejería pastoral ha surgido en parte como una reacción contra el movimiento "principal" de psicología y consejería pastoral. Este nuevo movimiento está compuesto de tres grupos básicos: (1) consejeros pastorales evangélicos, (2) profesionales cristianos, (3) popularizadores cristianos.

22 *Gerald M. Goldhaber y Marylynn B. Goldhaber, Transactional Analysis: Principles and Applications (Boston: Allyn and Bacon, Inc., 1976), 12. Para un resumen de la metodología del Análisis Transaccional, ver Berne, 1–34; Harris, 1–96.*

23 *Goldhaber y Goldhaber, 12.*

Los consejeros pastorales evangélicos son aquellos ministros conservadores o fundamentalistas en sus posiciones teológicas, que se oponen fuertemente al movimiento de educación de clínica pastoral en consejería pastoral. En la actualidad, el más destacado entre los consejeros pastorales evangélicos es Jay E. Adams. En general, los consejeros pastorales evangélicos critican la información del campo de la psicología y mantienen que la aplicación de la sabiduría divina de las Escrituras es superior a la aplicación de la sabiduría humana. Uno de los peligros de este enfoque es la creación de una terapia exclusivamente evangélica en la cual los enfoques de la psicología son totalmente ignorados y la Biblia es utilizada como un libro de texto. Sin embargo, la contribución más significativa del consejero pastoral evangélico al campo de la consejería ha sido la de subrayar la importancia de la palabra de Dios.

Profesionales cristianos son personas como Gary Collins, James Dobson y Bruce Narramore, quienes recibieron entrenamiento profesional en psiquiatría o psicología, y continúan operando desde una posición teológica conservadora. Usualmente, las personas en esa posición tratan muy activamente de integrar la teología con la psicología. Pero, desafortunadamente, a menudo son criticadas de ambos lados. Los conservadores los critican por el uso y confianza que tienen en la psicología, y los liberales por su determinación de no renunciar a la palabra de Dios como autoridad final. A la larga, parecería que este grupo eventualmente será el responsable de que finalmente se concrete el diálogo necesario entre la psicología y la teología.

Desde fines de la década de 1960, un número de escritores y conferencistas cristianos, algunos de los cuales apenas tenían algún entrenamiento en psicología, han atraído muchos seguidores y devotos que buscaban consejos y fórmulas de auto-ayuda. Personas como Bill Gothard, Tim LaHaye, Bruce Larson, Keith Miller y Charlie Shedd son algunas de las figuras bien conocidas dentro de este grupo. Estos cristianos populares tienden a dar consejos prácticos basados en las Escrituras acerca de temas significativos como por ejemplo cómo criar a los hijos, cómo madurar espiritualmente, cómo mejorar el matrimonio, cómo tener éxito en el trabajo, cómo llevarse bien con los demás, o cómo tener una vida sexual gratificante. Parece que estos autores populares han llenado un vacío en el área de cuidado y consejería pastoral, ayudando a las personas laicas con los problemas de la vida diaria. La consejería pastoral moderna ha ganado rápidamente reconocimiento y popularidad durante su corta historia. En la década de 1940, la mayoría de los seminaristas sabía poco, si es que sabía algo, acerca de consejería. Hoy, toda escuela superior de teología y seminario en los Estados Unidos y Canadá ofrece cursos en consejería pastoral; muchos tienen profesores y departamentos de cuidado pastoral. Miles de estudiantes de teología y clérigos han trabajado en ambientes clínicos. En la biblioteca del pastor, la literatura de psicoterapia ocupa su lugar junto con los libros de teología.

Estudiando lo que ha acontecido en el campo de la consejería pastoral, Howard Clinebell ve este ministerio como un ímpetu poderoso para la renovación de la iglesia:

> Para que el renacimiento de la consejería pastoral se convierta en la fuerza poderosa de renovación en que puede convertirse, deben ocurrir ciertos cambios decisivos. La consejería pastoral debe madurar tanto en teoría como en la práctica. Debe encontrar un nuevo nivel de auto-identidad y madurez, profundizando sus raíces teológicas, ampliando su metodología, y descubriendo su contribución única en auxilio de la humanidad afligida, con referencia tanto a su propia herencia como a las otras disciplinas de ayuda.[24]

Junto con muchos otros, Clinebell reconoce que, para servir en forma auténtica a la iglesia, la consejería pastoral debe basarse más en la teología y depender menos de los limitados modelos médicos y educativos de la psicoterapia. El objetivo de la consejería pastoral debe ir de la mano con el objetivo de la iglesia.

La consejería pastoral y la psicoterapia

El movimiento moderno de consejería pastoral adquirió prominencia con el surgimiento de la psicoterapia. Dado que ambos fueron afectados por muchas de las mismas influencias, trataron con los problemas básicos de la naturaleza humana, y utilizaron muchas de las mismas técnicas, continuaron influyéndose mutuamente.

El término "psicoterapia", al igual que "consejería pastoral", puede ser usado tanto en sentido amplio como en sentido limitado. La diferencia parecería encontrarse en la medida en la cual los principios psicológicos científicos son empleados en una terapia en particular. La Asociación Americana de Psicología define la psicoterapia como "un proceso que involucra relaciones interpersonales entre un terapeuta y uno o más pacientes o clientes, en el cual el primero, en un intento por mejorar la salud mental del último, emplea métodos psicológicos basados en el conocimiento sistemático de la personalidad humana".[25]

Aun cuando las raíces de la psicoterapia moderna ostensiblemente se apoyan en la psicología científica, nuevos desarrollos y enfoques modificados han hecho que algunas psicoterapias abandonen el significado intrínseco de su nombre y cubran mucho más allá de lo que es científicamente demostrable. Han dejado de ser tratamientos exclusivos de la psiquis. Hoy en día, hay una variedad de psicoterapias que tratan con toda la gama de relaciones interpersonales, pretendiendo tratar a la persona en su totalidad. La lista de nuevas psicoterapias, incluyendo las más extremas, continúa creciendo.

Algunos propagadores de psicoterapias especializadas dicen que la psicoterapia debería deshacerse de su áurea médica, insistiendo en que no es el fruto de una

---

24 Howard J. Clinebell, Basic Types of Pastoral Counseling (Nashville: Abingdon Press, 1966), 16–17.

25 Citado por Valerie Worthen, "Psychotherapy and Catholic Confession," Journal of Religion and Health, 13 (October 1974), 227.

profesión, sino antes una disciplina en su derecho propio. Charles Jaekle nota lo siguiente:

> La psicoterapia no es para nada una forma de tratamiento médico, por lo que las analogías con la medicina son sumamente engañosas. La psicoterapia involucra una serie de técnicas psicológicas para influenciar a otra persona para que cambie y, al punto que las analogías son valiosas, se parece más a la educación que a un tratamiento médico. Los objetivos de la psicoterapia son la independencia, la madurez, y la adultez. En consecuencia, lo que afecta al paciente no es una enfermedad. Los "síntomas" de los que se queja el paciente, y que lo motivan a buscar ayuda, son parte de la inmadurez que tanto él como la sociedad encuentran inaceptables.[26]

Al combinar los objetivos básicos de la psicoterapia y de la consejería pastoral, se producen áreas tanto de cooperación como de conflicto. Cuando uno trata de mezclar los colores primarios de la psicoterapia con los colores primarios de la consejería pastoral, a los ojos del observador las mezclas resultantes tienen o bien un tono placentero, o uno casi repugnante. En otras palabras, las similitudes y diferencias entre la psicoterapia y la consejería pastoral se vuelven mayores o menores dependiendo del tipo de luz con que uno las mire.

Las contribuciones de la psicoterapia al campo de la consejería pastoral han sido sin lugar a dudas significativas. Hasta cierto grado, la psicología moderna ha ayudado a la teología a redescubrir la unidad esencial de la persona. La lección aprendida es que la consejería pastoral necesita ocuparse con más cosas que sólo con los problemas "espirituales". En ese nivel muy "humano" de comunicación e interacción, la psicoterapia ha ejercido la mayor influencia positiva en la consejería pastoral al resaltar y subrayar la necesidad de que los consejeros pastorales sean más sensibles y estén más familiarizados con las expresiones básicas de las necesidades humanas. La psicoterapia también ha provisto recursos de ayuda a pastores para detectar los síntomas de diversos trastornos de la personalidad, junto con técnicas cada vez más efectivas para comunicar su disponibilidad y ayudar a las personas a trabajar sus conflictos. Se hace evidente que el trabajo y la consejería pastoral que elija ignorar las contribuciones de la psicoterapia, estaría traicionando su propia causa. De hecho, la consejería pastoral se ha beneficiado tanto de la psicoterapia y otras disciplinas relacionadas a ésta, que a veces ha estado en peligro de perder su propia identidad.

Por otro lado, las contribuciones de la consejería pastoral a la psicoterapia parecen haber sido relativamente pocas, o al menos son difíciles de aislar. La falla más grande proviene del pecado de omisión. Cuando el cuidado y la consejería pastoral no lograron ajustarse completamente a las necesidades cambiantes de

26 Charles Jaekle, "Pastoral Psychotherapy: A New Consciousness in Ministry," Journal of Pastoral Care, 27 (September 1973), 174–75.

las personas, rápidamente se desarrollaron todo tipo de psicoterapias para llenar ese vacío. Hablando en general, entonces, la consejería pastoral le dio vía libre a la psicoterapia. Quizás ahora podemos anticipar lo contrario, y la predominancia de la psicoterapia pueda incentivar a la iglesia a cultivar una mayor utilización de sus recursos y contribuciones distintivas.

Las contribuciones de la consejería pastoral a la psicoterapia en el área de técnicas o métodos han sido más bien mínimas. Esta área es bastante difícil de documentar porque la mayoría de la literatura fluye de la psicoterapia a la consejería pastoral. Sin embargo, he descubierto al menos dos contribuciones importantes que la consejería pastoral ha hecho a las técnicas de la psicoterapia: (1) que las terapias cortas funcionan, y (2) que el interés, la preocupación, y el amor hacia las personas son esenciales e integrales en el proceso terapéutico.

Sin embargo, la contribución más significativa que la consejería pastoral ha hecho a la psicoterapia ha sido en el área de la teología y la fe, especialmente cuando trata el concepto de Dios y los valores espirituales que son evidentes en la vida de tantas personas. De la misma manera en que la consejería pastoral aprendió algo de la psicoterapia con respecto al lado humano de las necesidades de las personas, así también la psicoterapia tuvo que aprender de la consejería pastoral que las dimensiones espirituales y morales son de tremenda importancia y no pueden ser ignoradas.

Ahora es necesario tratar las similitudes y diferencias entre la psicoterapia y la consejería pastoral. Por un lado, están quienes dicen que la psicoterapia es idéntica a la consejería pastoral, sólo que la psicoterapia se encarga de las situaciones más difíciles. Tales personas interpretan el término "pastoral" en el más amplio sentido de la palabra. Por otro lado, si establecemos una estrecha conexión entre "pastoral" y el oficio del ministerio público, las diferencias que surgen se vuelven bastante significativas. La tensión principal probablemente se encontraría en el área de las presuposiciones básicas de la psicoterapia y la teología cristiana. Se puede argumentar entonces que, dependiendo de la posición y comprensión teológica que uno tenga, se va a encontrar mayormente con similitudes o con diferencias entre la consejería pastoral y la psicoterapia.

Algunas personas evitan discutir las diferencias específicas o abruptas entre la consejería pastoral y la psicoterapia. Tales personas prefieren citar la relación que existe entre la consejería pastoral y la psicoterapia como una línea continua con énfasis diferentes reconocibles en cada punta, pero con un área significativa de similitudes en el medio. De acuerdo a este punto de vista, las diferencias surgen en general, en vez de ser creadas de a poco. Sin embargo, si esa línea fuera extendida, encontraríamos que la psicoterapia y la consejería pastoral son diametralmente opuestas la una de la otra.

Un buen número de voces están clamando para que, hasta donde sea posible, haya una integración entre la consejería pastoral y la psicoterapia. Donde las diferencias reales son evidentes, las mismas deben ser evaluadas y consideradas honestamente. Es necesario que se establezca una alianza reconocible, pues el separatismo da cabida a los "peligros de tener una teología que está en gran medida removida de la vida, o una psicología que trata de hablar autoritariamente a todas las necesidades del hombre". [27] Al mismo tiempo, es reconocido el hecho que, si bien la consejería pastoral y la psicoterapia cubren gran parte del mismo campo, cada una tiene objetivos y enfoques diferentes. Las terapias pueden ser usadas en la consejería pastoral si se hace con discriminación y no a expensas de la herencia teológica de la iglesia.

Otros piensan que la psicoterapia y la consejería pastoral son tan esencialmente diferentes en propósito, medios, y objetivos, que cualquier comparación real queda descartada. Pero tratar de determinar cuál o cuánto de cada una debe ser usada tiene tan poco sentido como preguntar si a una persona enferma se le debe dar penicilina o la comunión: el paciente puede necesitar ambas. Esta posición ve a la psicoterapia y a la consejería pastoral como no estando en competición, ni siendo sustituto la una de la otra. El punto débil de esta posición surge de la falsa suposición de que se pueden hacer y mantener distinciones claras. Pero esto falla porque no toma en cuenta lo que en realidad sucede cuando los pastores trasplantan las técnicas y metodologías de la psicoterapia a sus jardines pastorales. Demasiado a menudo en las dinámicas de las situaciones de consejería pastoral se han utilizado varias psicoterapias al por mayor, o han sido modificadas externamente poniéndolas dentro de un contexto religioso. Desafortunadamente, los pastores a menudo olvidan que la jardinería teológica no es lo mismo que la jardinería natural, y subestiman la cantidad de tierra que se pega a las raíces en el proceso de trasplantar incluso los pequeños brotes, de los invernaderos de la psicoterapia a los de la parroquia. Usualmente, la integración útil y el crecimiento son el resultado de un injerto honesto, y no de un simple trasplante. También debemos recordar que hasta el injerto tiene sus límites ante lo ridículo o que la muerte ocurra.

Probablemente la mayor área de divergencia y conflicto entre la psicoterapia y la consejería pastoral se centra en el concepto de la naturaleza humana. En este aspecto, John Shea nota que "la imagen del hombre es una pregunta esencial en la psicología y la psiquiatría, porque cualquiera sea la imagen del hombre implícita o explícitamente adoptada, la misma determinará los objetivos y técnicas de la terapia". [28] Obviamente, si el concepto del hombre moldea los objetivos y técnicas de la psicoterapia, lo mismo es cierto para la consejería pastoral.

La mayoría de las formas de psicoterapia tienen presuposiciones y tradiciones humanistas. Las mismas están basadas en la premisa que, si a una persona se le da una mayor percepción o se la lleva a una mayor conciencia de sí mismo, esa persona será capaz de llevar una vida buena, íntegra, y significativa para ella y para los demás. Tal concepto presupone que innatamente dentro de la persona

27 *Peters, 8.*

28 *John Shea, "On the Place of Religion in the Thought of Viktor Frankl," Journal of Psychology and Theology, 3 (Summer 1975), 179.*

existe la capacidad de elegir y la habilidad de hacer el bien, y que cualquier "fallo" puede ser auto-corregido. No hace falta decir que esta forma de ver la naturaleza humana es totalmente antropocéntrica.

En contraste, la forma en que la consejería pastoral cristiana ve a la humanidad es teocéntrica.[29] En otras palabras, el foco primario es Dios, y todo el ser y naturaleza de la persona es visto en relación con Dios. Resumido: la persona es un pecador rebelde, pero amado y buscado por Dios. Este concepto cristiano provee una comprensión importante de las siguientes consideraciones: el pecado, las capacidades humanas, el libre albedrío, la conciencia, la culpa, el perdón y la responsabilidad, para nombrar sólo algunas.

La psicoterapia elige operar en el plano horizontal, mientras que la teología cristiana le da mayor importancia a la relación vertical entre Dios y las personas. En la psicoterapia, el enfoque primario es la relación del individuo con las demás personas en la sociedad. El objetivo es que el individuo llegue al punto en donde es capaz de triunfar en la vida en sociedad. En la teología cristiana, las relaciones horizontales adquieren un nuevo sentido y un significado importante cuando se logra la relación vertical. La otra persona, entonces, se convierte en alguien tan importante como uno mismo. El objetivo de la consejería pastoral cristiana es la nueva vida en Jesucristo, quien perdona pecados, reconcilia las relaciones, provee vida abundante, y da salvación.

Los consejeros pastorales necesitan ejercer un cuidadoso juicio teológico. Una de las preguntas importantes a hacerse es: ¿Está el uso de las técnicas o metodologías de esta terapia de acuerdo con la teología cristiana, o parece contradecir la enseñanza cristiana? Creo que ciertas técnicas pueden y deberían ser usadas, pues son útiles y ayudan en la tarea de la consejería pastoral. Otras metodologías, en cambio, encierran trampas del humanismo que no son congruentes con la teología cristiana. También se debe notar que, aun cuando se cumplan los objetivos de una psicoterapia en particular, los resultados pueden estar lejos de alcanzar los propósitos cristianos.

Existen más diferencias entre la psicoterapia y la consejería pastoral. Mientras que la psicoterapia se preocupa con el aquí y ahora de la vida en este mundo, la consejería pastoral tiene una preocupación tanto por el presente como profética. "Ni siquiera en la psicoterapia más espiritual nos encontramos con un testimonio de otro mundo".[30] Esta conciencia de otro mundo surge del lazo íntimo que la consejería pastoral tiene con la acción del pueblo redimido de Dios moviéndose a través de la historia. Los consejeros pastorales, entonces, evidencian un sentido de dirección; ellos saben de dónde vienen, y a dónde van. Debido a esto, tanto el consejero como el aconsejado son capaces de viajar juntos, en vez de hacerlo cada uno por separado.

29 Para enfoques excelentes del concepto del hombre en la consejería pastoral, ver [Paul Meehl et al], What, Then, Is Man? (St. Louis: Concordia Publishing House, 1958), 9–77; Hulme, 95–114.

30 Andreas Snoeck. Confession and Psychoanalysis, trans. Theodore Zuydwijk (Westminster, Maryland: The Newman Press, 1964), 98.

Cuanto más se comparan la psicoterapia y la consejería pastoral, más evidente se hace que la consejería pastoral tiene una dimensión más amplia que la psicoterapia. Ciertos aspectos del cuidado pastoral pueden unirse con la consejería pastoral, lo que hace que las personas sean involucradas en formas no comparables dentro de los perímetros de la psicoterapia. También es significativo que, en algunas situaciones extremas en las que la psicoterapia es forzada a renunciar a una persona, la consejería y el cuidado pastoral pueden continuar siendo efectivos. Las limitaciones reales de la psicoterapia orientada al hombre pronto se vuelven aparentes cuando son contrastadas con la expansión y el milagro de la terapia de la gracia de Dios.

Lo anterior no pretende sugerir que el consejero pastoral debe evitar todo lo relacionado con la psicoterapia; más bien, estas comparaciones tratan de ser una advertencia. Más allá de lo mucho o poco que el consejero pastoral decida utilizar la psicoterapia, siempre debe ejercitar un juicio maduro. La pregunta no es la cantidad de cosas buenas que pueden obtenerse de la psicoterapia, sino más bien si lo que se utiliza es compatible o va en contra de la teología cristiana.

La percepción del psicoterapeuta en los Estados Unidos está cambiando a raíz de los cambios en las expectativas que las personas tienen de ellos. Para algunos, la imagen del psicoterapeuta sigue siendo la del médico especialista. Pero la influencia de la psiquiatría social, las diferentes formas de ver las enfermedades mentales, y las nuevas psicoterapias que tratan con los "estilos de vida", ha hecho que el psicoterapeuta sea visto por muchos como una especie de maestro iluminado, o poco menos que un pastor "espiritual" secular. A medida que los profesionales de la salud mental se vuelven más diversificados, especialmente cuando se dedican al trabajo preventivo, van asumiendo más y más roles. Al mismo tiempo, muchas personas se dan cuenta, con diversos grados de preocupación, que algunos pastores están pasando sus roles de guía moral y espiritual a manos de los profesionales en consejería psicológica y psicoterapéutica.

En años recientes se han vuelto más comunes los ministros especializados en consejería pastoral. Si bien muchos de ellos forman parte del ministerio de la iglesia ofrecido a través de diversas instituciones, algunos otros operan en centros independientes de consejería pastoral, a menudo establecidos de acuerdo a los modelos médicos y psiquiátricos. Por ejemplo, los consejeros pastorales formales tienen una escala de tarifas, seguro contra juicio por mal práctica, recepcionistas, y secretarias. Dado que la mayoría de estos centros de consejería pastoral no tienen una afiliación visible con la iglesia, su responsabilidad para con una estructura eclesiástica es a menudo incierta. A esto se suma que, tanto a los psicólogos como a los psiquiatras certificados, cada vez les preocupan más los consejeros pastorales independientes que no deben rendir cuentas ante el estado, o ser aprobados por los consejos federales correspondientes. La pregunta que surge es: "¿Qué tiene de estrictamente pastoral tal consejería?"

> ¿Dónde yace la distinción entre la consejería pastoral y secular: en la intención pastoral del consejero, en la afiliación eclesiástica del paciente o en el

> contexto de los adornos eclesiásticos, o en las preocupaciones que los pacientes están dispuestos a discutir con pastores antes que, por ejemplo, con asistentes sociales o psiquiatras?[31]

Tales preguntas se están volviendo tremendamente difíciles de contestar. Ha llegado el día en que un ministro entrenado en psicoterapia puede funcionar como psicoterapeuta, y como cuasi-pastor. ¿Es honesto, entonces, combinar el concepto de "pastoral" con el campo de la psicoterapia? Con respecto a este punto, Jaekle dice:

> La palabra *pastoral*, puesta junto a la palabra *psicoterapia*, usualmente produce una magnífica variedad de respuestas. Algunos lectores reaccionan con expectación y placer. Un buen número se sorprende y luego se divierte. Para otros, la combinación de las palabras *pastoral* y *psicoterapia*... suena a burla. Estos no quieren tener nada que ver y se unen para defender a la iglesia y su evangelio, afirmando que lo *pastoral* no se combina con la *psicoterapia*. Otros, una pequeña mayoría, defienden la noción tradicional y exclusiva de la psicoterapia como una prerrogativa médica, y afirman que la *psicoterapia* no se combina con lo *pastoral*.[32]

Quienes apoyan la combinación de pastoral y psicoterapia, usualmente definen "pastoral" en el sentido amplio del término.
Una vez más, concluyo que la fuerza del término "pastoral" yace en el sentido restringido y definido que lo limita a los pastores y clérigos reconocidos como líderes de la iglesia que tienen un ministerio de consejería, cuyos objetivos incluyen los objetivos de la iglesia. Esto no quiere decir que la misma persona no pueda hacer tanto el trabajo pastoral como el psicoterapéutico al mismo tiempo. Tampoco se está sugiriendo que el entrenamiento psicoterapéutico no sea de valor para el pastor. Lo que se está diciendo es que, cuando se trata de combinar la definición limitada de pastoral con la función de un psicoterapeuta, los resultados rayan en la incongruencia. Por ejemplo, ¿acaso no es legítimo cuestionar si los "psicoterapeutas pastorales" en los centros de consejería están haciendo trabajo "pastoral" genuino? Y ésta no es la única situación en la que se podrían hacer preguntas similares. Por supuesto que no se pretende hacer ninguna inferencia a la calidad de la consejería. La preocupación mayor es saber si realmente se está realizando una consejería pastoral y terapia auténtica. El objetivo supremo de la consejería pastoral auténtica es guiar al aconsejado a una nueva vida en Jesucristo; algo menos que eso se queda corto.

31 Paul W. Pruyser, "The Use and Neglect of Pastoral Resources," Pastoral Psychology, 23 (September 1972), 12.

32 Jaekle, 174.

Tensiones en el campo de la consejería pastoral

Históricamente, la consejería pastoral y otras disciplinas teológicas han estado en conflicto. Sean expresadas o no, en muchos seminarios existen sospechas. Algunos miembros de las facultades han concluido que las presuposiciones que están detrás de los métodos de consejería son claramente no cristianas, ya que derivan de la psicología secular y apenas están adaptadas superficialmente para el uso pastoral. Los profesores de consejería pastoral también han sospechado que, lo enseñado en muchos cursos de teología, es prácticamente irrelevante a las necesidades humanas. Desafortunadamente, todas esas sospechas están, a menudo, bien fundamentadas.

Por un lado, entonces, la consejería pastoral debería estar informada teológicamente. A pesar que hay muchos escritores en el campo de la consejería pastoral, no son muchos los que tienen una aproximación predominantemente teológica. Su preocupación principal parece ser la de interpretar para el pastor las valiosas percepciones de la psicoterapia, pero los temas teológicos no son tratados en forma abarcadora. Por otro lado, ¿cuánto de relevante tiene que decir la teología para que sea considerada y utilizada por la consejería pastoral? Para ayudar a informar a la consejería pastoral, en especial la teología exegética y sistemática necesitan tratar estos temas para darles una aplicación más amplia y una interpretación teológica.

Pero también se debe reconocer que la disciplina de la consejería pastoral se ha propagado tan velozmente en sus técnicas y metodologías, que sus subyacentes presuposiciones y teología han sido frecuentemente descuidadas. Al respecto, Frank Peters nota:

> Toda vez que una profesión se desarrolla rápidamente a un estado avanzado, se notará que el desarrollo de una filosofía básica tiende a quedar atrás. En los comienzos de la consejería se escribió muy poco sobre la filosofía y los valores en la consejería, y mucho más sobre sus técnicas. [33]

Un poco fuerte, pero no por eso deja de ser verdad, es la observación que frecuentemente los consejeros pastorales han estado demasiado enamorados de todos los brillantes descubrimientos de la psicología como para prestar mucha atención a su herencia teológica. En la actualidad está surgiendo una tendencia hacia los consejeros pastorales más informados teológicamente. ¡Quizás su número aumente!

Quizás la mayor área de tensión en la consejería pastoral yace en la forma en que la teología liberal y la conservadora enfocan este campo. En forma breve, la teología liberal tiende a enfatizar el uso de la sabiduría humana para el logro de la plenitud y satisfacción humana aquí y ahora. Esto lo hace al punto que la

33 Peters, 6.

teología conservadora considera que oculta la sabiduría y voluntad divina, e ignora la materialización de la salvación y la vida eterna. Allí donde la teología liberal promueve un concepto humanista de los seres humanos, o uno muy cercano a este, la teología conservadora mira a las personas como pecadores perdidos e impotentes que necesitan sanidad, redención y salvación a través de Jesucristo. La teología conservadora, entonces, aboga por una consejería pastoral centrada en la Biblia.

También existen tensiones entre los consejeros pastorales conservadores fundamentalistas. Todos están convencidos de la necesidad de ser leales a la autoridad de la Biblia, y a la creencia de que en las Escrituras se anticipan las necesidades básicas de las personas que sufren. Aquí el punto de tensión es hasta dónde la Biblia debe ser usada como libro de texto para la consejería pastoral, o como un manual literal de consejería.

Otro tema disputado es el de las áreas de conocimiento de la psicoterapia y la psicología que pueden ser usadas con provecho por el consejero pastoral cristiano. Los consejeros pastorales conservadores entrenados tanto en psicología como en teología que desean integrar aspectos de estas disciplinas dentro del área de la consejería pastoral, están en tensión con algunos de los cristianos popularizadores. Da la impresión que estos últimos podrían fácilmente volverse proponentes de cultos cristianos en los cuales sus líderes prácticamente se convertirían en gurús, y sus seminarios se volverían reuniones religiosas.

Una tensión aún mayor se centra en el hecho de si se puede legítimamente hablar de una psicología "cristiana" o de una psiquiatría "cristiana". El argumento contra tal nomenclatura afirma que es tan incorrecto hablar de psicoterapia cristiana como lo es hablar de cirugía cristiana, ya que tanto la cirugía como la psicoterapia pueden ser practicadas por cristianos y por no cristianos. Por raro que parezca, este argumento sí sostiene que es posible y correcto hablar de cirujanos cristianos y de psicoterapeutas cristianos.

Quienes apoyan el concepto de una psicología "cristiana", o de una psiquiatría "cristiana", demandan para éstas una base distintivamente cristiana. Ellos sostienen que es tan correcto y apropiado hablar de una psicología o psiquiatría cristiana, como lo es hablar acerca de educación o vida cristiana.

Este último argumento necesita una integración más completa de la psicología y la teología. En el momento actual, toda clase de integración o cohesión satisfactoria se encuentra, como mucho, en una etapa inicial, y se necesita una gran cantidad de descripción y esfuerzos cuidadosos. Es evidente que parte de la dificultad se centra en las comprensiones y definiciones particulares de la psicología y la psiquiatría. Ambos argumentos son sostenibles: uno pide distinciones claras, el otro una integración cuidadosa. Sin embargo, el definir los términos en forma precisa antes de entablar un diálogo, reduciría considerablemente la tensión continua en este tema.

Dentro de la práctica personal de cada pastor puede darse otra área de conflicto que involucra los objetivos más amplios y las limitaciones auto-impuestas de la profesión pastoral. Dentro de los objetivos más amplios, el pastor puede sentirse dividido entre ser pastor para todos sus congregantes, o dedicar mucho tiempo sólo a algunos de ellos. Dentro de esos objetivos también se encuentra el hecho que su preocupación por la persona no debería ser menos que la salvación; sin embargo, la necesidad específica en la consejería pastoral puede ser ayuda especializada inmediata. Aquí deben ser bien reconocidas las limitaciones profesionales. Por regla general, la mayoría de los pastores no están equipados para hacer trabajo psicoterapéutico en el sentido técnico y, si lo estuvieran, probablemente otras personas y tareas esenciales serían descuidadas. Si al hacer consejería el pastor no puede pensar en otra cosa que no sea la salvación, es un consejero pobre; y, si se siente muy intrigado por los detalles de la psicoterapia que olvida la misión y límites de su profesión, falla como pastor.

El área final de tensión dentro de la consejería pastoral es la preocupación genuina sobre el hecho de que la consejería pastoral pueda perder su peculiaridad y volverse un estilo más de la psicoterapia. Tres de las principales preocupaciones aquí son: (1) que la psicoterapia coarta la necesidad de estar bien con Dios; (2) que los pastores están descuidando algunos de los recursos cristianos clásicos; y (3) que a menudo no se obtienen resultados significativos.

Antes de la aparición de la psicoterapia y la consejería pastoral modernas, la única forma de encontrar alivio del tormento espiritual profundo era poniéndose bien con Dios. Sin embargo, la psicoterapia moderna, en su mayoría, trata de proveer este alivio sin promover ningún tipo de conocimiento religioso. Se podría especular, entonces, cuán diferente podría haber sido el curso de la historia cristiana si, en lo peor de sus aflicciones espirituales, Agustín, Lutero, Bunyan o Wesley hubieran podido acceder a los servicios de un hábil psicoterapeuta. En relación a esto, Ian Ramage observa:

> Por lo tanto, la práctica de la psicoterapia, lejos de ser una obra de caridad ambigua para que el pastor cristiano realice o apoye, puede hasta trabajar en contra de la obra de gracia, ya que trata de aliviar lo que muchas veces es la única experiencia que despertará, en la mente del hombre moderno, el reconocimiento de su condición y necesidad espiritual. Desde el punto de vista de la fe cristiana, sin importar cuánto alivio da... toda psicoterapia que no lleva a una relación salvífica con Dios debe ser vista como un alivio de síntomas, más que como la cura de almas en un sentido profundo. [34]

La consejería pastoral efectiva reconoce las deficiencias de las medidas temporales, y busca proveer una terapia completa.

Sin embargo, muchos pastores tienden a no prestar atención, ignorar o desechar ciertos recursos cristianos clásicos que son parte de su herencia.

34 Ian Ramage, "Some Theological Reflections on Pastoral Counseling," London Quarterly and Halboro Review, 187 (1962), 221.

> En consejería pastoral, la supuestamente correcta técnica psicológica tiende a ser tan explotada, que en los cincuenta minutos pastorales queda poco espacio para orar, para estudiar la Escritura, para reeducar religiosamente, para bendecir, o para la confrontación profética. [35]

A este abandono de recursos cristianos en el campo de la consejería pastoral, Pruyser lo define como "la crisis actual en el trabajo pastoral auténtico". [36] Cuando se cuestionan los resultados, se toca otro punto de tensión con respecto a la peculiaridad de la consejería pastoral. Las siguientes preguntas resumen brevemente algunas de esas preocupaciones. ¿Qué lugar ocupa Dios en ayudar a esta persona? ¿Qué diferencia hace mi fe cristiana en mi consejería? ¿Hay algo que pueda decir o hacer que no podría ser dicho o hecho de la misma forma por un humanista sincero con igual aptitud y compasión? ¿Cómo afecta mi confianza en mis recursos la falta o la apariencia de los resultados? ¿Es el consejero pastoral instrumental en la sanidad cuando el terapeuta no lo es, o viceversa? La erradicación de las distinciones entre los aspectos pastorales de la consejería y el énfasis de la psicoterapia, daña a ambas disciplinas. Es mejor dejar que cada una busque su propio canal, sea consciente de su propia historia, y refleje su propia peculiaridad. Puede haber integración, y las dos pueden fluir juntas, en tanto y en cuanto sus aguas no se vuelvan turbias. Sin embargo, cuando sus filosofías entran en conflicto, no es acertado, desde el punto de vista ministerial, forzar una unión.

La singularidad de la consejería pastoral cristiana

La consejería pastoral cristiana se lleva a cabo dentro del marco de la misión de la iglesia. Este contexto se vuelve tremendamente importante. La consejería pastoral debe ir de la mano del uso de los medios de gracia: la Palabra y los sacramentos. Hulme dice que "separar los medios de gracia de la iglesia de la consejería pastoral, sería divorciar la consejería pastoral de su contexto cristiano". [37] El consejero pastoral puede también emplear otros recursos específicamente cristianos como la oración, la confesión individual, la absolución, la conversación y consolación pastoral, la confraternidad cristiana, las fórmulas litúrgicas, las enseñanzas y teología cristianas, las señales y los símbolos, y las bendiciones. Naturalmente, estos recursos pueden ser tanto una ventaja como una desventaja, dependiendo de la forma en que sean utilizados. El consejero pastoral debe evitar considerar estos "recursos de la fe" como paliativos psicológicos o una mera terapia de apoyo, y más bien verlos como avenidas o canales para la recepción de la gracia sanadora de Dios.

35 *Pruyser, 9.*

36 *Pruyser, 9.*

37 *Hulme, 202.*

La llave para la dinámica y singularidad de la consejería pastoral se encuentra en el evangelio. El evangelio es la buena noticia de la reconciliación de la persona con Dios y con los demás a través de Jesucristo. En la consejería pastoral el evangelio se vuelve un factor integrador, dado que el perdón de los pecados es la fuente del poder sanador y dador de vida de la terapia. ¿En qué otros tipos de terapias el perdón de Dios es central y se lo busca claramente? El objetivo de la consejería pastoral no es simplemente lograr que las personas se sientan mejor o actúen diferente, sino que sean diferentes. El "viejo hombre" debe morir, y el "nuevo hombre" debe nacer. Aquí, la consejería pastoral no diferencia en su metodología entre los redimidos y los no redimidos. El perdón de pecados es vital tanto para la santificación, como para la justificación. Sin importar en qué nivel se encuentre la relación de la persona con Dios, la consejería pastoral es capaz de convertirse en un instrumento a través del cual el Espíritu Santo puede llevar a cabo su obra de santificación.

El éxito de los diferentes tipos de psicoterapia a menudo depende de la teoría, las técnicas, y habilidad del terapeuta. En la consejería pastoral lo mismo es cierto hasta cierto punto, pues Dios obra a través de herramientas y recursos. Es su poder el que efectúa el cambio en la vida de las personas. Esto no quiere decir que la consejería pastoral puede hacerse o llevarse a cabo en forma descuidada; más bien, debe ser lo opuesto. En toda consejería pastoral, el pastor es totalmente consciente de que Dios es la medida de todas las cosas.

Otra característica particular de la consejería pastoral tiene que ver con el oficio del pastor. El consejero pastoral que está firmemente comprometido con la iglesia y tiene una clara identidad de su rol, habla en nombre de y representa a Dios y a la iglesia. Además, la consejería pastoral se basa en la doctrina de la iglesia como el cuerpo de Cristo. Por lo tanto, no se trata de un simple consejero con un paciente y una sociedad amorfa "allá afuera", sino que el pastor representa una comunidad religiosa solidaria y comprensiva, con todo lo que ello implica. Uno de los objetivos del pastor en la consejería es ayudar a restaurar al feligrés, o incorporar a quien busca ayuda a la comunidad cristiana. El pastor representa y a la vez provee acceso a la comunidad de creyentes; el psicoterapeuta se representa sólo a sí mismo, o a una escuela de pensamiento.

Finalmente, la consejería pastoral es peculiar en el hecho que usualmente implica un contacto previo y continuo, o ambos; no sucede en el vacío. Luego que uno ha ido a un psicoterapeuta por un tiempo determinado, la relación termina. Con el pastor, en cambio, el contacto continúa, aunque se produzca un cambio obvio en la relación y el contacto sea menos intenso que durante la consejería. En otras palabras, se produce un cambio de cuidado pastoral a consejería, y luego se vuelve al cuidado pastoral. Si bien hay veces en que este contacto continuado puede llegar a ser perjudicial, la mayoría de las veces resulta ser de gran beneficio, especialmente en ver el progreso. En esta conexión, el pastor tiene un privilegio único que ningún psicoterapeuta tiene, y que es el derecho de iniciativa y el acceso a sus feligreses, o aconsejados, tanto durante el tiempo de consejería como después.

En el próximo capítulo se hará un intento por ayudar al campo de la consejería pastoral a volverse más informado teológicamente y de proveerle con un recurso auténticamente cristiano. Para ello, el enfoque estará puesto en la perspectiva luterana de la confesión y absolución individual.

Capítulo II

LA CONFESIÓN Y ABSOLUCIÓN INDIVIDUAL EN LA TEOLOGÍA LUTERANA

La práctica de la confesión y absolución es central a las enseñanzas de la iglesia cristiana. A través de las páginas de la Sagrada Escritura, el lector encuentra una variedad de formas y procedimientos que reflejan una comprensión y apoyo de la confesión y el perdón.[1] Si bien en las Escrituras no es fácil encontrar pasajes que hablen específicamente sobre la confesión y absolución individual, su práctica es consistente con las enseñanzas de la Escritura.

Capítulo II
Abreviaturas
CA–Confesión de Augsburgo
AP–Apología de la Confesión de Augsburgo
EP–Epítome de la Fórmula de la Concordia
FC–Fórmula de la Concordia
CMa–Catecismo Mayor
AS–Artículos de Esmalcalda
CMe–Catecismo Menor
DS–Declaración Sólida de la Fórmula de la Concordia
TR–Tratado sobre el Poder y Primacía del Papa

Los numerales romanos en mayúscula a continuación de estas abreviaciones significan los números de los artículos, excepto en los Artículos de Esmalcalda, donde se refieren a las partes. En los Artículos de Esmalcalda, los números están indicados por numerales romanos en minúscula. Los números que siguen a los numerales romanos identifican los párrafos de donde se tomaron las citas.

LW-Luther's Works (Obras de Lutero). Edición Americana. 54 Vols. St. Louis: Concordia Publishing House; Philadelphia: Fortress Press, 1955—.

1 Algunos pasajes de la Escritura que dan testimonio del poder y práctica de la confesión y absolución, incluyen: Levítico 5:5-6; Números 5:6-8; 2 Samuel 12:13-14; Salmo 32:1-5; Salmo 51:1-5, 9-12; Mateo 3:5-6; Mateo 16:19; Mateo 18:18; Lucas 5:8; Lucas 15:18-24; Lucas 18:13; Lucas 19:8; Lucas 23:41; Juan 20:22-23; Hechos 19:18; Santiago 5:14-16; 1 Juan 1:8-9; Apocalipsis 1:17-18; Apocalipsis 3:7-8.

A comienzos de la historia de la iglesia cristiana, la práctica de la confesión y absolución individual formó parte de la eclesiología y otras dimensiones de la disciplina de la iglesia. Ya por el siglo 12, la confesión y absolución individual eclipsó toda otra forma de confesión en la Iglesia Occidental. Sin embargo, es interesante notar que, a través de la historia de la iglesia cristiana, la confesión y absolución individual siempre fue ligada, aun cuando a veces ese enlace se volvió muy débil, a la comprensión pastoral de la sanidad de las almas. Esta estrecha conexión entre la confesión y la absolución individual, y una alta estima por el cuidado de almas evidente durante los comienzos de la teología y ministerio luteranos, no debería sorprender a los eruditos en Lutero. La preocupación de Lutero por el cuidado y la sanidad del alma está íntimamente conectada con toda su teología. Durante toda su vida, Lutero mostró un genuino interés por las personas y ni siquiera en los momentos más ocupados perdió de vista al alma individual. Durante sus luchas personales con respecto a su propio cuidado espiritual, fue cuando llegó a la comprensión del evangelio. En el centro de la teología de Lutero apareció el concepto de la justificación por gracia a través de la fe. Para Lutero, esta gran doctrina se volvió la base para el ministerio pastoral. En esta conexión, la práctica de la confesión y absolución individual es una de las aplicaciones pastorales más claras y concretas de la justificación por la gracia. La gran preocupación que Lutero tuvo por el cuidado pastoral de las almas puede ser claramente identificada como uno de los mayores temas de la Reforma. En un sentido real, las 95 Tesis deben su existencia a una crisis en el cuidado pastoral. Lutero fue inducido a tratar el tema de las indulgencias más por una preocupación pastoral, que por consideraciones académicas. La venta de indulgencias estaba directamente relacionada a la confesión y al Sacramento del Arrepentimiento. Las personas "estaban siendo apartadas de sus pastores, de la confesión, de un arrepentimiento genuino y del evangelio".[2] Se estaba sustituyendo con una gracia barata que, en realidad, no era gracia.

Considerando los muchos abusos conectados con el Sacramento del Arrepentimiento, uno pensaría que Lutero y los otros reformadores luteranos habrían erradicado la confesión privada y no habrían querido tener nada más que ver con ella. Sin embargo, consistente con su carácter de reformador, Lutero, aun oponiéndose a quienes pensaron o actuaron diferente, luchó por restaurar en la iglesia la práctica correcta de la confesión y absolución individual. Para lograrlo, intentó darle un propósito y función renovados, lo que resultó en que la doctrina romana del arrepentimiento se convirtiera en la doctrina luterana de la confesión y absolución individual.

Definición de la confesión y absolución individual

Antes de concentrarnos en el significado de la confesión y absolución individual, es interesante notar los diferentes tipos de confesión. Si bien Lutero no siempre

2 *Walter R. Bouman, "The Treasure of the Church," Concordia Theological Monthly, 38 (Octubre 1967), 567.*

se refirió a los tipos específicos de confesión, sus escritos revelan que permitió las formas reconocidas por la Iglesia Católico-Romana. Emergen así seis tipos de confesión que son consistentes con la teología luterana: (1) la confesión en el corazón (confesión secreta); (2) la confesión general o pública en la liturgia; (3) la confesión pública hecha por una persona ante una asamblea congregada; (4) la confesión reconciliatoria (basada en Mateo 5:23-24); (5) la consolación mutua de los hermanos en la fe; (6) la confesión privada (individual).

La confesión y absolución individual se comprende mejor cuando se la distingue de los primeros cinco tipos de confesión. La confesión y absolución individual es distinta: (1) de la confesión secreta del corazón, ya que el reconocimiento de los pecados se realiza ante la presencia de otra persona; (2) de la confesión general, porque se reconocen los pecados específicos cometidos; (3) de la confesión pública hecha ante una asamblea congregada, porque el reconocimiento de los pecados se realiza en forma privada; (4) de la confesión reconciliatoria, porque el reconocimiento de los pecados no se realiza en presencia de la persona que ha sido afectada por ellos; y (5) de "la consolación mutua de los hermanos en la fe",[3] porque se pronuncia una absolución.

La confesión y absolución individual tiene un carácter único. De hecho, cada uno de los diferentes tipos de confesión tiene su lugar especial y hace su contribución a la vida de la iglesia; además, se complementan entre sí.

En este libro, en vez de utilizar el término "confesión privada", se utiliza "confesión y absolución individual". Confesión y absolución individual parece ser una mejor designación, ya que confesión privada puede ser fácilmente confundida por la confesión secreta o "privada" de una persona en el silencio de su corazón delante de Dios, o por la situación de reconciliación "privada" entre dos o más personas, en ambos casos no se da una absolución formal; más aún, "individual" se puede referir no sólo a la persona, sino también al proceso por el cual los pecados "individuales" o específicos son confesados y perdonados.

En el sentido amplio del término, "absolución" no es nada más que el evangelio, ya que produce la remisión de los pecados comprados por Cristo. Sin embargo, la Iglesia Luterana usualmente utiliza el término "absolución" en el sentido más estricto, como "una forma especial de proclamar el evangelio, esto es, el anuncio del perdón de pecados, ya sea a una o más personas, de acuerdo a su confesión de pecados, ya sea por parte de un siervo público de la iglesia, o de un cristiano laico".[4]

La absolución luego de la confesión puede tomar diferentes formas. Los tres tipos comunes de absolución son: (1) absolución exhibitoria, en la que el perdón es dado o comunicado directamente al penitente; (2) absolución declarativa, en la cual el perdón a través de la gracia de Dios es anunciado al penitente; y (3)

3 Wolfgang Boehme, Beichtlehre fur Evangelische Christen (Stuttgart: Evangelisches Verlagswerk, 1956), 15–23.

4 Francis Pieper, Christian Dogmatics, III (St. Louis: Concordia Publishing House, 1953), 189.

absolución optativa o suplicatoria, en la cual se ofrece una oración por perdón en nombre del penitente. Lutero utilizó varias formas de absolución; sin embargo, consistentemente insistió en que la esencia de la absolución es la palabra de Dios. Esta comprensión es normativa para los luteranos, como lo declara la Confesión de Augsburgo: "No es la voz o palabra del hombre que la pronuncia, sino la palabra de Dios, quien perdona el pecado, ya que la absolución se pronuncia en lugar de Dios y por mandato de él".[5]

Al reflexionar seriamente acerca de la confesión y absolución individual, se puede ver tanto una perspectiva amplia, como una limitada. La perspectiva amplia de la confesión y absolución individual permite que haya dos posibilidades. Primero, el reconocimiento de pecado o pecaminosidad puede ser hecho tanto ante un pastor como ante otra persona, luego de lo cual la persona penitente recibe la garantía de que Dios le perdona; segundo, la confesión y absolución puede no haber sido planeada, sino ocurrir espontáneamente dentro de otro contexto, como por ejemplo durante una consejería matrimonial, o en una conversación en un campo de golf. Empleando la perspectiva limitada de la confesión y absolución individual, llegamos a la siguiente definición: la confesión y absolución individual es el acto o proceso voluntario en el cual una persona va al pastor con el propósito principal de confesar pecados específicos y recibir absolución, o la seguridad del perdón de Dios, por tales pecados.

La esencia de la confesión y absolución individual

La teología luterana dice que la confesión está compuesta de dos partes: confesión y absolución. Si bien ambas están estrechamente relacionadas, estas dos partes deben mantenerse separadas. La relación básica entre la confesión y la absolución es tal, que la confesión nunca es un fin en sí misma, sino siempre un medio para la absolución. Dado que en la teología luterana la absolución es primordial, la importancia de la confesión y absolución individual está basada sobre todo en el valor de la absolución. Refiriéndose a la absolución, Lutero dijo: "Ésta es la cosa más grande e incomparable que hace que la confesión sea tan maravillosa y consoladora."[6]

La esencia del concepto luterano de la confesión y absolución individual es: (1) la admisión de ser pecador, y (2) la recepción del perdón de Dios. En la confesión, el reconocimiento que la persona hace de su pecado, tanto verbalmente como ante la presencia de un pastor (quien representa a Dios y a los demás), resulta en una "admisión" del mismo. No deja, entonces, lugar a dudas acerca de su responsabilidad y culpa. El reconocimiento del pecado es expresado sin

5 Todas las referencias a las Confesiones Luteranas están tomadas de ElLibro de Concordia: Las Confesiones de la Iglesia Evangélica Luterana. Editado por Andrés A. Meléndez (St. Louis: Concordia Publishing House, 1989). De aquí en más, se mencionará sólo el documento confesional específico del cual se ha tomado la cita. Por ejemplo, en este caso, la referencia es CA XXV, 3.

6 CMa, Breve Exhortación a la Confesión, 15.

intentar ser auto-exonerado, sin excusarse, y sin racionalizarlo. Usualmente, la confesión es breve. Luego de exponer el pecado delante de Dios, no hay necesidad de largas declaraciones. De hecho, un intento de explicar el asunto en forma detallada podría ser muestra de un deseo inconsciente de atenuar las circunstancias y hacerlas aparecer justificables. Por lo tanto, las historias largas y las explicaciones del pecado pueden ir en contra de la intención de la confesión.

La confesión es preparatoria. La confesión de pecados indica que la persona está pronta para recibir el perdón de Dios que viene a través de su misericordia. En la confesión llegamos al lugar en donde nos damos cuenta de cuán pequeños somos, y cuán grande es Dios. Y ése es un buen lugar para el perdón.

La esencia de la absolución individual se centra tanto en el receptor de la absolución, como en el significado de la misma. En la confesión y absolución individual, la absolución es otorgada a la persona individual. El efecto total de consuelo y sanidad del evangelio se dirige al corazón atribulado y arrepentido. El impacto del reconocimiento personal del perdón se vuelve tanto un acontecimiento dinámico como único. Con respecto al significado de la absolución, es importante reconocer que la absolución no es sólo una palabra, sino un hecho (no *verbum* sino *res*). La absolución no promete simplemente el perdón, ni simplemente habla de la garantía del perdón de Dios. Más bien, la absolución concede el perdón. Es el acto del perdón de Dios ahora. En otras palabras, lo que se dice se convierte en realidad para el penitente.

Toda vez que la discusión se enfoca en el perdón de los pecados, surge la eterna pregunta sobre quién puede perdonar. Dicho brevemente: ¿es el perdón una prerrogativa de Dios, o las personas también pueden perdonar? La teología luterana afirma claramente que Dios tiene la prerrogativa de perdonar los pecados, pero que él ejercita este poder a través de la Palabra del evangelio proclamado. Más aún, Dios no sólo habla a través de la Palabra del evangelio, sino que también está presente en esa misma Palabra. La teología luterana comprende la esencia de la absolución de afirmar que Cristo mismo está presente ofreciendo la Palabra de perdón. En la absolución uno puede, entonces, hablar de una presencia personal y perdonadora de Cristo.

La esencia de la absolución no depende de la dignidad de la persona que hace la confesión. A veces se expresa la preocupación de que un pastor no puede saber si la persona que busca ser absuelta está realmente arrepentida, y si tiene verdadera fe en su corazón. En relación a esto, Pieper dice:

> El pensamiento subyacente es que la absolución está basada en el arrepentimiento y la fe de quien busca ser absuelto. Contra este pensamiento erróneo se debe sostener la verdad que la absolución no está basada en el estado del corazón del hombre, sino totalmente en el estado del corazón de Dios. Y con respecto al estado del corazón de Dios todos estamos bien informados, no porque lo sepamos todo, sino porque Dios nos ha derramado su corazón en

> el evangelio. De allí sabemos muy bien que, antes del arrepentimiento y la fe, Dios está totalmente reconciliado con cada persona a través de Cristo...[7]

Si bien el arrepentimiento y la fe son elementos importantes en la confesión y absolución, es preferible mantener el entendimiento tradicional de las dos partes, y no tener tres o cuatro. El arrepentimiento y la fe no pertenecen a la confesión y absolución como factores independientes; de ser así, existiría el peligro de que fueran considerados como condiciones o como obras merecedoras para la absolución.

El efecto de la absolución tampoco está condicionado o determinado por el mérito, o no, del pastor o dispensador. La absolución permanece siendo válida aun si el pastor no tiene ciertos dones del Espíritu Santo, o si actúa de manera frívola; en tanto y en cuanto la persona penitente cree, es absuelta. En este aspecto, la fe no es una condición para que se produzca la absolución; más bien, la fe pertenece a la recepción de la absolución. La responsabilidad del pastor no es juzgar el corazón del penitente, sino escuchar la confesión y otorgar la absolución a todos los que la desean.

La importancia y la necesidad de la confesión y la absolución individual

Los escritos de Lutero[8] y los documentos de las Confesiones Luteranas[9] con respecto a la confesión privada, enfatizan dos aspectos principales: (1) un argumento polémico contra los abusos del arrepentimiento de la Iglesia Católica de Roma, y (2) un fuerte énfasis en la importancia y los beneficios del uso constante y correcto en la iglesia de la confesión y absolución individual. Las siguientes son algunas citas que representan el sentimiento con respecto a la confesión y absolución individual en la teología luterana en el tiempo de la Reforma:

7 Pieper, 195.

8 Los escritos de Lutero con respecto al tema de la confesión y absolución individual incluyen: (1) "Noventa y cinco tesis," o "Disputa sobre el poder y la eficacia de las indulgencias," (1517), LW 31, 19-33; (2) "Explicaciones de las noventa y cinco tesis," o "Explicaciones de la disputa con respecto al valor de las indulgencias," (1518), LW 31, 79-252; (3) "El Sacramento del Arrepentimiento," (1519), LW 35, 5-22; (4) "Una discusión acerca de cómo debe hacerse la confesión," (1520), LW 39, 27-47; (5) "El cautiverio babilónico de la Iglesia," (1520), LW 36, 81-91; (6) "La libertad del cristiano," (1520), LW 31, 329-77; (7) "Ocho sermones en Wittenberg," (1522), LW 51, 97-100; (8) CMa, Breve exhortación a la confesión, (1520); (9) "Un método corto de confesión," o "Cómo se debe enseñar a la gente común a confesarse," (1529), AS V; (10) "Las Llaves," (1530), LW 40, 323-77; (11) "Los Artículos de Esmalcalda," (1537), AS III, i-viii.

9 Las principales referencias a la confesión y absolución individual se encuentran en CA XI, XII, XXV, XXVIII; AP XI-XIII; AE III, VII, IX; TR, 60-82; CMa, Breve Exhortación a la Confesión; FC AE XI. Las Confesiones Luteranas se refieren a la confesión y absolución individual de diferentes formas: confesión, absolución, las Llaves, el Poder de las Llaves, Arrepentimiento o el Sacramento del Arrepentimiento. Dado que la confesión general o pública, seguida por la absolución general, raramente era practicada en los tiempos de la Reforma, los términos "confesión y absolución" usualmente se refieren a la confesión y absolución individual.

Respecto a la confesión se enseña que la absolución privada debe conservarse en la iglesia y que no debe caer en desuso, si bien en la confesión no es necesario relatar todas las transgresiones y pecados, por cuanto esto es imposible. [10]

A la vez se enseña diligentemente al pueblo que la palabra de la absolución es consoladora y que ha de tenerse en gran estima. No es la voz o la palabra del hombre que la pronuncia, sino la palabra de Dios, quien perdona el pecado, ya que la absolución se pronuncia en lugar de Dios y por mandato de él... También enseñamos que Dios ordena creer en esta absolución como si fuera su voz que resuena desde el cielo y que debemos consolarnos gozosamente en base de la absolución, sabiendo que mediante tal fe obtenemos el perdón de los pecados. [11]

Porque también nosotros conservamos la confesión, sobre todo a causa de la absolución, la cual es la palabra de Dios que el poder de las llaves pronuncia, por autoridad divina, en cuanto a los individuos. Por eso sería un acto impío quitar de la iglesia la absolución privada. Y si hay quienes desprecian la absolución privada, es porque no entienden qué es el perdón de pecados, ni qué es el poder de las llaves. [12]

Cuando un corazón sintiere sus pecados y ansiare consolación, tendrá en esto un refugio seguro donde halla y oye la palabra de Dios, por medio de un hombre que lo libera y lo absuelve de los pecados. [13]

Por consiguiente, enseñamos que la confesión es algo excelente, precioso y consolador, y exhortamos a que en vista de nuestra gran miseria, no se desprecie un bien tan precioso... Pero, si la menosprecias y altanero llevas tu vida sin confesarte, dictamos la sentencia definitiva de que no eres cristiano...

En consecuencia, al exhortar a confesarse, no hago otra cosa que exhortar a ser cristianos. [14]

Ya que la absolución o poder de las llaves, instituido por Cristo en el evangelio, también constituye una ayuda y consuelo contra el pecado y la mala conciencia, así la confesión o absolución no debe caer en desuso en la iglesia,

10 CA XI.

11 CA XXV, 2-4.

12 AP. XII, 99-101.

13 CMa, Breve exhortación a la confesión, 14.

14 CM, Breve exhortación a la confesión, 28-32.

> especialmente por las conciencias débiles y también por el pueblo joven e inculto para que sea examinado e instruido en la doctrina cristiana. [15]

> Con respecto a la práctica actual de la confesión privada, estoy totalmente a favor de ella... Es útil, y hasta necesaria, y yo no la habría suprimido. De hecho, me alegro que exista en la iglesia de Cristo, porque es la cura sin igual para las conciencias angustiadas. [16]

Estas referencias dejan bien en claro que la teología luterana ha valorado en gran manera, y continúa haciéndolo, la confesión y absolución individual por los beneficios que provee al cuidado pastoral y la cura de las almas. Vale la pena repetir que Lutero se refiere a ella como "la cura sin igual para las conciencias angustiadas". [17] Los beneficios obvios de consejo, instrucción, consuelo, aliento, perdón de pecados y fortaleza que surgen del poder y la presencia de Dios, conforman un paquete impagable de recursos pastorales.

Lutero mismo estaba consciente de su necesidad de encontrar alivio y liberación del poder destructivo del pecado en su vida. Habiendo admitido que no podía vivir sin la confesión y absolución individual, la practicó a través de toda su vida y alentó y amonestó a los demás en términos fuertes para que también la usaran con frecuencia. Lutero la tuvo en tan alta estima que, cuando alentaba a alguien a ir a confesarse, en realidad le estaba diciendo que fuera cristiano. Por el contrario, el descuidar o menospreciar la confesión y absolución individual equivalía a despreciar el evangelio: tal persona casi no podía ser llamada cristiana.

En la comprensión luterana de la confesión y absolución individual existe tanto una fuerza subjetiva, como una objetiva. La búsqueda de seguridad, consuelo o alivio de la ansiedad, la angustia y el sufrimiento que perturba los corazones y aterroriza las conciencias, es la necesidad subjetiva o psicológica. La necesidad objetiva de la confesión y absolución individual incluye la enseñanza y el entrenamiento en la doctrina cristiana, y el mejorar la conciencia. El lado objetivo también involucra una comprensión de la naturaleza misma y la eficacia del evangelio, requiriendo su concentración en el individuo al punto de causar el hecho: "Tus pecados te son perdonados." Pero, aun así, se debe tener cuidado para que la confesión y absolución individual no sea vista sólo del punto de vista de la seguridad subjetiva del perdón. Algo sucede en la confesión y absolución individual que también tiene validez objetiva delante de Dios, en otras palabras, no es una simple voz en nuestros corazones que nos asegura la gracia de Dios.

15 AS, Sobre la confesión, 1.

16 LW 36, 86.

17 LW 36, 86.

Además de su valor en general, y de la necesidad de la confesión y absolución individual delineada más arriba, es significativo notar su valor específico cuando uno: (1) tiene una fe débil; (2) necesita volver a comprender la realidad del pecado y de Dios; (3) entra en una actitud de humildad; (4) es capaz de restablecer la comunión con otros; (5) puede compartir los problemas de otros. A continuación sigue un breve comentario sobre estos puntos.

En la opinión de Lutero, si alguien tiene una fe firme y vibrante, eso es suficiente para confesarse ante Dios. Sin embargo, si su fe es débil, como a menudo puede ser, se hace necesaria la confesión ante otra persona para poder escuchar la absolución. Las palabras que uno escucha se vuelven así un signo de la gracia de Dios.

A menudo, ni el peso del pecado ni la realidad de Dios son tomados seriamente. El reconocer nuestra pecaminosidad en generalidades vagas no es suficiente, y el admitir nuestros pecados sólo ante Dios, desde nuestra perspectiva torcida, puede resultar relativamente fácil. Sin embargo, la situación cambia drásticamente cuando la confesión es hecha delante de otra persona. Esa otra persona es una realidad que no puede ser ignorada. Éste es, precisamente, uno de los valores de la confesión y absolución individual. La otra persona, en toda su presencia corporal concreta, nos recuerda tanto la seriedad de nuestros pecados, como la realidad de que no hemos pecado contra cierto "poder divino" nebuloso, sino contra el "Dios vivo".

La confesión y la absolución individual también benefician la existencia de la persona tanto a nivel humano como espiritual. El humillarse delante de otra persona en confesión golpea en la raíz de todo pecado y orgullo. En la opinión de Bonhoeffer, esta humildad se vuelve parte del compartir y cargar la cruz.

> La confesión en la presencia de un hermano es la más profunda clase de humillación. Duele, hiere al hombre, es un golpe bajo al orgullo...
>
> La cruz de Jesucristo destruye todo orgullo. No podemos encontrar la cruz de Jesús si no vamos allí donde debe ser hallada, es decir, en la muerte pública del pecador. Y nos rehusamos a cargar la cruz cuando tenemos vergüenza de tomar sobre nosotros la vergonzosa muerte del pecador en confesión. [18]

Tal humillación restaura la relación de la criatura con el Creador, y hace que la persona sea más sensible, más comprensiva y respetuosa en su relación con Dios y con los demás. A quienes les resulta difícil humillarse en confesión, probablemente les resultará difícil ser humildes en otras circunstancias; quienes no se acusan a sí mismos ante otra persona, estarán inclinados a ignorar muchas cosas de sus propias vidas; quienes fallan en tratar concretamente con sus pecados, corren peligro de eventualmente perder de vista la seriedad del pecado.

18 Dietrich Bonhoeffer, Life Together, trad. John W. Doberstein (New York: Harper and Row, 1954), 114.

La confesión y absolución individual hace posible que la persona sea restablecida en la comunión con los demás y que la cohesión sea reforzada dentro de la congregación. Es importante recordar que "el pecado humano involucra no sólo una relación quebrantada entre el pecador y Dios, sino también una relación quebrantada entre el pecador y sus semejantes". [19] El pecado no confesado o encubierto crea separación.

> El pecado demanda tener un hombre para sí mismo, y lo aísla de la comunidad. Cuanto más aislada esté una persona, más destructivo será el poder del pecado sobre ella, y cuanto más se involucre en el pecado, más desastroso será su aislamiento. El pecado quiere permanecer desconocido. Evita la luz. En la oscuridad de lo no expresado, envenena el ser total de la persona. [20]

La confesión saca el pecado a la luz, donde puede ser juzgado como pecado, y desechado. La confesión y absolución individual provee comunión en una forma tranquila y hermosa. Las palabras de perdón en la absolución no sólo restauran a la persona a la comunión con Dios sino que, al mismo tiempo, la restauran en comunión con los demás en la iglesia, la familia de Dios. Bonhoeffer dice que "en el hermano a quien confieso mis pecados, y quien me los perdona, me encuentro con toda la congregación. En la comunión que encuentro con este hermano, ya encontré la comunión con toda la congregación". [21]

Una expresión de comunión se da dentro de la congregación cuando los feligreses comparten y cargan los problemas mutuos, movidos por amor. La responsabilidad comunitaria también entra en juego: si uno sufre, todos sufren; si uno se alegra, todos se alegran. Tales acciones no sólo cumplen la ley de Cristo, sino que también tienen un inestimable valor terapéutico en la sanidad de las personas.

Las experiencias de la vida que son compartidas con otros son más fácilmente manejables por el individuo. El poder y la fuerza que Dios da a su cuerpo, la iglesia, está disponible para cada persona. La confesión y absolución individual es uno de los caminos que lleva a compartir las cargas en el cuidado del alma.

La importancia y la necesidad de la confesión y absolución individual están reflejadas en la posición firme que ocupa en las enseñanzas de Lutero y de las Confesiones Luteranas. La característica esencial y especial de la confesión y absolución individual está concentrada en el consuelo y aliento del perdón de pecados que es impartido personal e individualmente. Esta seguridad y certeza personal para la mente y corazón es una necesidad para el ministerio de sanidad de la iglesia. La confesión y absolución individual, entonces, no es un

19 Walter R. Bouman, "Private Confession and Absolution: A Word to the Pastors," Una Sancta, 18, No.2 (1961), 10.

20 Bonhoeffer, 112.

21 Bonhoeffer, 113.

simple tema secundario, sino algo que está en el corazón y ser mismo de la iglesia. Las iglesias y pastores que no proveen oportunidades para la confesión y absolución individual necesitan mirar seriamente a lo que está sucediendo con el cuidado pastoral de sus miembros. ¿Será que han descuidado parte del ministerio de reconciliación confiado a ellos por Cristo?

La confesión y absolución individual y los conceptos teológicos concomitantes

La confesión y absolución individual no pueden ser discutidas en profundidad si se separan de otros conceptos teológicos. En las primeras páginas de este capítulo se tocaron varios de estos conceptos, pero sin hacer comentarios y sin elaborarlos. Una consideración de estos conceptos, desde un punto de vista luterano, dará una dimensión más completa a la comprensión luterana de la confesión y absolución. Por lo tanto, en este estudio se considera importante identificar claramente la relación de la confesión y absolución individual, con: (1) los medios de gracia, (2) la justificación por gracia, (3) el pecado, (4) el oficio de las llaves, (5) el ministerio público, (6) ley-evangelio, (7) la fe, y (8) el Bautismo.

¿Debería la confesión y absolución individual ser designada un sacramento? A través de su vida, la posición personal de Lutero con respecto a esta pregunta parece vacilar.[22] Básicamente, la respuesta a esta pregunta es un tema de definición con respecto a qué constituye un sacramento. La Apología claramente se refiere a la confesión y absolución individual como el Sacramento del Arrepentimiento, al menos en un lugar;[23] en todas las otras partes, utiliza una definición más estricta. Si bien la confesión y absolución individual ha recibido el estatus sacramental por parte de algunos teólogos luteranos, y algunos luteranos actuales afirmarían su carácter sacramental, la enseñanza general de la teología luterana, incluyendo los extensos escritos de Lutero sobre el tema, convincentemente limitan el término "sacramento" al Santo Bautismo y al Sacramento del Altar.

Si bien el tema de la naturaleza sacramental de la confesión y absolución individual no es de particular preocupación para este autor, sí provee una transición útil a otro concepto teológico: los medios de gracia. El uso del término más amplio "medios de gracia", no sólo evita una no muy productiva discusión sobre

---

22 Por ejemplo, en su "El Sacramento del Arrepentimiento," (1519) Lutero se refiere al Arrepentimiento como un sacramento (LW 35, 9-22); en "El cautiverio babilónico de la Iglesia,"(1520) comienza a hablar de tres sacramentos—Bautismo, Arrepentimiento, y Eucaristía (LW 36, 81-91), pero concluye restringiendo el término "sacramento" al Bautismo y la Eucaristía (LW 36, 124); en el Catecismo Mayor (1529) Lutero dice que el Bautismo "tanto por lo que respecta a su poder como a su significación, comprende también el tercer sacramento llamado arrepentimiento..." (CMa IV, 74); mucho más tarde, en 1545, en "Contra los treinta y dos artículos de los teólogos de Louvain", gustosamente confiesa al arrepentimiento como un sacramento (LW 34, 356).

23 AP XIII, 4; ver también AP XI, 1-2.

la pregunta acerca de los sacramentos, sino que también alivia una tensión de evaluación entre los diferentes medios de gracia puestos uno al lado del otro. Todos los medios de gracia terminan ofreciendo y transmitiendo una cosa: el perdón de Dios en Jesucristo. Sin embargo, a través de diferentes medios de gracia, esto es hecho de diversas maneras. Además, inherente al significado del término "medios de gracia" está el concepto de que Dios obra a través de intermediarios. Dios es el sujeto que actúa en la absolución a través de la Palabra de reconciliación. El pastor y las palabras que él dice son herramientas de Dios. Otro concepto teológico concomitante con la confesión y absolución individual es el concepto descubierto por Lutero de la justificación por la gracia a través de la fe. En un sentido, es casi un sacrilegio considerar la justificación como un concepto concomitante, porque en realidad, se encuentra en el centro mismo de la comprensión luterana de toda la teología. Hablando sobre la justificación, el Artículo 4 de la Confesión de Augsburgo dice:

> Además, se enseña que no podemos lograr el perdón del pecado y la justicia delante de Dios mediante nuestro mérito, obra y satisfacción, sino que obtenemos el perdón del pecado y llegamos a ser justos delante de Dios por gracia, por causa de Cristo mediante la fe, si creemos que Cristo padeció por nosotros y que por su causa se nos perdona el pecado y se nos conceden la justicia y la vida eterna. [24]

En la teología luterana, la justificación es el artículo principal del cristianismo y la enseñanza sobre la cual la iglesia se sostiene o cae. Éste es un artículo sobre el cual no se pueden hacer concesiones. Fue sobre la base de la justificación que los reformadores luteranos devolvieron el Sacramento del Arrepentimiento al concepto de *metanoia* (arrepentimiento) del Nuevo Testamento.

Esencialmente, la confesión y absolución pertenecen a la justificación. Lindroth dice que la confesión, seguida por la absolución, es "la aplicación pastoral práctica de la doctrina de la justificación". [25]

Los pensamientos de Lutero con respecto a la confesión y absolución individual deben ser vistos a la luz de su teología del pecado. El hecho que Lutero tomó el pecado seriamente es integral a su comprensión y estima de la confesión y absolución individual. En su comentario sobre el Salmo 51, mantiene la igualdad del pecador y del acto del pecado. [26] En la teología luterana, el pecado no es un simple acto u acción que la persona comete, ni tampoco un simple defecto en la personalidad; más bien, el pecado afecta la naturaleza de la persona entera. La importancia de esta comprensión del pecado es que en la confesión, la persona no sólo reconoce que ha cometido ciertos pecados, sino más bien que es

24 CA IV, 1-2.

25 Hialmar Lindroth, "The Weak Position of Confession in Lutheranism," Studia Theologica, 18 (1964), 1.

26 LW 12, 335-36.

pecadora; esta importancia también continúa en el hecho de que es primordial para la absolución el perdón del pecador, y no sólo la absolución de sus pecados. El Oficio o Poder de las Llaves está íntimamente identificado con la confesión y absolución individual. Una breve definición de este concepto indica que:

> El poder de las llaves es un poder exclusivamente espiritual que incluye la posesión y práctica de todos los derechos, deberes y privilegios espirituales necesarios para el bienestar de la Iglesia en la tierra... En particular, el Oficio de las Llaves da poder para remitir y retener pecados, esto es, no sólo para anunciar y declarar a los hombres la remisión o retención de pecados, sino verdaderamente otorgar el perdón a los pecadores penitentes y negar el perdón a los pecadores impenitentes (2 Corintios 2:10; Juan 20:23. Esto se infiere de la justificación objetiva; 2 Corintios 5:19, Romanos 4:25; 5:18).[27]

Si bien el Oficio o Poder de las Llaves es posesión de la iglesia toda, usualmente es administrado a través del oficio pastoral, según comisionado por la iglesia. En las Confesiones Luteranas se establece una estrecha conexión entre la absolución y el Oficio de las Llaves.[28] Estos dos conceptos operan juntos, dándose dirección y dimensión mutua. Por un lado, el verdadero poder de las llaves, en el sentido estricto de la palabra, es la absolución; por otro lado, la certeza y el poder de la absolución están basados en las llaves que fueron mandadas por Dios. Por lo tanto, el Oficio de las Llaves da legitimidad a la absolución. Mientras que el Oficio de las Llaves es un poder dado a cada cristiano, el mismo es usualmente administrado a través del ministro llamado de la congregación.

La Iglesia Luterana entiende el término "ministerio" tanto en un sentido amplio, como en uno limitado. En el sentido amplio o general, el término "ministerio" denota cada manera de proclamar el evangelio, más allá de quien lo haga. Tal ministerio es designado como ministerio cristiano en abstracto (*in abstracto*). En su sentido limitado (*in concreto*), el ministerio cristiano presupone la existencia de congregaciones locales, pues puede ser ejercitado sólo bajo los auspicios de la congregación. El sentido específico de ministerio se refiere exclusivamente al ministerio público de quienes han sido llamados y ordenados como ministros de la Palabra (*ministri ecclesiae*), y que desempeñan sus tareas en nombre de una congregación local.

El ministerio cristiano es llamado "público" no por el lugar donde se desempeñan las funciones, sino más bien porque las mismas son llevadas a cabo en nombre de la congregación y bajo su autoridad. Hasta las funciones pastorales

27 "Keys, Office of," Lutheran Cyclopedia, 1954 ed.

28 Por ejemplo, CA XII, 4 conecta el Poder de las Llaves con la absolución pronunciada sobre el arrepentido; la AP XI, 2 equipara los "beneficios de la absolución" y la "autoridad de las llaves;" la AP XII, 6, 7, 13, 21, 22, 26, 39, 40, 101, 118, 138, 154, 156, 176 consistentemente interrelacionan el ministerio de las llaves y la absolución; los AS III, vii, 1 sugieren la conexión entre la absolución y el Poder de las Llaves, mientras que AS III, viii, 1 los equipara.

privadas tales como la confesión y absolución individual, pertenecen al ministerio público. En este libro, los términos "pastor" y "pastoral" son utilizados en el sentido limitado y específico del ministerio público (*in concreto*).

La dialéctica ley-evangelio en la teología luterana refleja la misma acción que tiene lugar en la confesión y absolución individual. La palabra de Dios en la confesión y absolución individual es una palabra de ley y evangelio, una palabra de amenaza-promesa, una palabra de juicio-misericordia. [29] La confesión corresponde a la acción de la ley, y la absolución a la acción del evangelio. De la forma en que los luteranos lo comprenden, la ley y el evangelio deben ser utilizados juntos, ya que la ley siempre sirve a los propósitos del evangelio. La misma situación se obtiene con la confesión y la absolución. Como hemos visto, la confesión de pecados es influenciada y alentada por la ley; la absolución es el contenido del evangelio. A través de los medios y las demandas de la ley, las personas son guiadas a ver su imposibilidad de hacer buenas obras. Ven su pecado; se sienten destruidos, muertos. Sólo cuando una persona ha pasado por este proceso de ser destruida y muerta, puede recibir el regalo de Dios. Por esta razón, la manera en que Dios trata con las personas es paradójica. A toda persona a quien Dios quiera justificar, la juzga; a toda persona a quien quiera darle vida, la mata. Este proceso de matar y dar vida se lleva a cabo en la confesión.

La confesión y absolución individual también están relacionadas a la fe. La fe es extremadamente importante y fundamental para la absolución. En la teología luterana, la fe es la precondición para aceptar el perdón (absolución) y, al mismo tiempo, la fe se vuelve viva o nace a través de la absolución. [30] La apropiación individual del perdón de los pecados ocurre a través de la fe.

> Con la mano de fe, el hombre toma el perdón de los pecados que ha sido preparado para él por Cristo y que Dios ofrece gratuitamente en el evangelio. El mismo momento en que el pecador cree en Cristo y acepta a Cristo como su Salvador personal, es justificado ante Dios; en ese mismo momento, tiene el perdón completo y gratuito de todos los pecados, así como una persona toma posesión del regalo que le dan en el mismo instante en que se apodera de él (justificación subjetiva...). [31]

La absolución es la promesa de Dios, y la Apología deja en claro que sólo la fe puede recibir tal promesa.

29 Harry G. Coiner, "Living toward One Another with the Word of God," Concordia Theological Monthly, 36 (October 1965), 619; ver también Richard R. Caemmerer, "A Concordance Study of the Concept 'Word of God,'" Concordia Theological Monthly, 22 (Marzo 1951), 170–85.

30 CA XII, 4 (texto en latín) dice: "la fe, que nace del Evangelio o de la absolución, cree que los pecados son perdonados por Jesús..." AP XII, 42 dice: "Y así, la fe es despertada y confirmada por la absolución, al oír el evangelio..."

31 Theodore Laetsch, ed., The Abiding Word, I (St. Louis: Concordia Publishing House, 1958), 160.

> Y que la absolución no se recibe sino por fe puede probarse con lo que Pablo enseña en Romanos 4:16, que la promesa no puede ser recibida sino por fe. Pero la absolución es la promesa de remisión de pecados. Por tanto, necesariamente requiere la fe. No vemos tampoco cómo se puede afirmar que recibe la absolución quien no la aprueba. [32]

El efecto de la absolución es condicional, o sea, sin fe la absolución no produce perdón. La promesa de la absolución no es retirada, sino más bien es inefectiva hasta que es alcanzada por la fe. Al mismo tiempo, la fe no está basada en los méritos humanos, sino en la absolución y aceptación de la misma. Para cada cristiano la certeza del perdón de los pecados es un tema de fe en el cual uno no puede sino creer.

El Bautismo es un concepto teológico final que también da forma a la comprensión de la confesión y absolución individual. Sin lugar a dudas, Lutero consideró la confesión y absolución individual como una expresión de lo que ocurre en el Bautismo. Esto puede ser observado en su tratamiento del tema en su *Catecismo Mayor*, donde dice:

> Aquí puedes ver que el Bautismo, tanto por lo que respecta a su poder como a su significación, comprende también el tercer sacramento llamado el arrepentimiento que, en realidad, no es sino el Bautismo. [33]

Lutero conecta la confesión con la muerte del viejo Adán, y la absolución con el nacimiento de la nueva persona. El tema de la muerte-resurrección, similar al de la ley-evangelio, ilustra la acción de un proceso que sucede una y otra vez en la vida del cristiano. En conexión a esto, Werkstrom observa:

> Lutero ve a la confesión privada como una continuación del Bautismo. En el Bautismo comienza el proceso de la muerte y resurrección que luego se extiende a través de la vida del cristiano. La confesión, que también involucra la muerte y la resurrección, debe ser adoptada para mantener vivo al Bautismo y formar una continuación del mismo. [34]

Al respecto, Bonhoeffer dice:

> Lo que nos sucedió en el Bautismo nos es otorgado nuevamente en la confesión. Somos librados de la oscuridad y llevados al reino de Jesucristo. Ésa es una noticia feliz. La confesión es la renovación de la alegría del Bautismo. [35]

32 AP XII, 61.

33 CMa IV, 74.

34 Bertil Werkstrom, Bekannelse och Avlonsung (Lund: cwk Gleerup, 1963), 275.

35 Bonhoeffer, 115.

Reflexión sobre la práctica contemporánea de la confesión y absolución individual en el luteranismo

En la época de Lutero y de la Reforma, la confesión y absolución individual disfrutaron de una posición firme tanto en la teología como en la práctica. Sin embargo, los siglos subsiguientes vieron declinar considerablemente su práctica, casi al punto de su extinción. La declinación severa de la práctica de la confesión y absolución individual en el luteranismo puede ser atribuida a los siguientes factores: (1) la confesión y absolución individual no fue establecida como un oficio independiente de la iglesia; su enseñanza y práctica se mantuvo un tanto ambigua; (2) la asociación inmediata de la confesión y absolución individual con la preparación para la Santa Comunión y su combinación con el examen (*Pflichtbeichtverhor*); (3) la Guerra de los Treinta Años; [36] (4) la confesión se utilizó como parte de la disciplina de la iglesia; [37] (5) la recaudación de "dinero de confesión"(*Beichtpfennig*), y los debates teológicos que rodeaban la fórmula de absolución; (6) la confesión y absolución individual fueron gradualmente remplazadas por la confesión pública o general; [38] y (7) las influencias del pietismo y el racionalismo. [39] El efecto acumulativo de los factores mencionados hizo que la confesión y absolución individual casi desaparecieran como práctica eclesiástica del luteranismo. El pietismo y el racionalismo le dieron el

36 La "Guerra de los Treinta Años" (1619-48) es el período durante el cual sucedieron una serie de guerras originadas en diferencias religiosas que resultaron en un reacomodo político de Europa. Durante ese tiempo, las congregaciones a menudo estuvieron sin pastor durante largos períodos, la educación cristiana cesó o fue interrumpida, y los materiales eclesiásticos fueron destruidos.

37 Durante el período de la ortodoxia luterana en particular, la iglesia trató de "gobernar" al pueblo a través del oficio del pastor. Ver Werner Elert, The Structure of Lutheranism, trad. Walter A. Hansen (St. Louis: Concordia Publishing House, 1962), 363-65. En algunos momentos la confesión fue impuesta en forma legalista y utilizada más para disciplinar que para reconciliar, marcando así a la persona que se confesaba; esta acción resultó en que las personas evitaran la confesión.

38 Dado que la confesión y absolución individual estuvo mayormente confinada a la preparación para la Santa Comunión, y dado que para los pastores de parroquias grandes les llevaba demasiado tiempo examinar y escuchar confesiones satisfactoriamente, los resultados a menudo fueron que la acción era mecánica, estereotipada, y superficial. Hacia fines del siglo diecisiete, la confesión general o pública ya era una costumbre universal, mayormente como preparación para la Santa Comunión, pero también en los servicios sin Santa Comunión.

39 Si bien el pietismo no criticó la confesión y absolución individual como un método para el cuidado privado del alma, sí criticó profundamente la confesión obligatoria antes de la Santa Comunión, debido a su superficialidad y a la aparente acción opus opere operatum conectada con tal práctica. El pietismo, reflejando una seriedad moral, consideró de hipócrita y superflua la práctica de la confesión y absolución individual. El argumento presentado fue que, si una persona se arrepentía de sus pecados, Dios la perdonaba; pero, si no se arrepentía, la absolución del pastor no servía para nada. La libertad permitida por el pietismo de no ir a confesarse, pronto resultó en una negligencia general por parte de las personas. "El racionalismo vio la confesión como una sujeción intolerable a una autoridad externa, como un ataque a la autonomía ética del hombre, y como una violación de la libertad de conciencia del hombre". Hialmar Lindroth, "Confession and Absolution," The Encyclopedia of the Lutheran Church, (1965), I, 564.

golpe más bajo a la práctica de la confesión y absolución individual, y la llevaron al punto más bajo de su historia.

En el siglo 19 se hicieron intentos por revivir el confesionalismo como una reacción al racionalismo. Pero, desafortunadamente, tanto ésos, como otros intentos más adelante por restaurar la práctica de la confesión y absolución individual, no duraron mucho tiempo. Sin embargo, es interesante observar que, cuando hubo un aumento en la práctica de la confesión y absolución individual, estuvo acompañada por un tiempo de renovación en la iglesia en ese lugar.

En la actualidad, y a pesar de que la confesión y absolución individual ocupan una posición bastante débil en la iglesia luterana europea, su práctica es probablemente un poco más generalizada de lo que normalmente se cree. Además, desde la Primera Guerra Mundial existen algunas universidades y grupos comunitarios, así como también confraternidades y grupos de jóvenes, que han practicado la confesión y absolución individual como parte integral de sus vidas espirituales.

Los luteranos norteamericanos fueron influenciados por lo que pensaban acerca de la confesión y absolución individual los pastores que habían emigrado de varias partes de Europa. Por lo tanto, los comienzos del luteranismo en Norteamérica presentan una imagen diversa. Mientras que un buen número de líderes demostró tener muy poco, o casi ningún interés por la confesión y absolución individual, y algunos hasta estaban completamente en contra de ella, la práctica recibió apoyo de tres líderes importantes: Henry Melchior Muehlenburg, Wilhelm Loehe y C. F. W. Walther. La fuerza del liderazgo ejercido por Loehe y Walther dentro de la Iglesia Luterana del Sínodo de Missouri con respecto a la confesión y absolución individual, por ejemplo, puede verse en una encuesta sobre la práctica pastoral conducida más de 100 años más tarde.

Las diferentes agendas, manuales y otros materiales de adoración utilizados en el luteranismo norteamericano, también indican que la confesión y absolución individual fue algo ampliamente conocido. Sin embargo, de su inclusión en los materiales de adoración no se puede inferir ninguna evidencia particular con respecto a la frecuencia con la cual era en realidad practicada en la vida congregacional.

Parecería que la confesión y absolución individual fueron practicadas más frecuentemente en los comienzos de la historia del luteranismo norteamericano, que en las décadas que siguieron. En general, ha sido reconocido por todos que la confesión y absolución individual ocuparon un lugar poco importante en el luteranismo americano; ahora, cuán insignificante fue ese lugar, permanece siendo una pregunta abierta. Algunos sintieron que, a pesar del testimonio firme y consistente de las Confesiones Luteranas, de la confesión y absolución individual sólo se retuvo su nombre. Para todos los propósitos prácticos, la iglesia había sustituido la confesión individual con la consejería pastoral, y la absolución con la recepción de la Santa Comunión.

En 1962, Knut Enger condujo una encuesta acerca de la opinión y práctica de la confesión y absolución individual en el luteranismo contemporáneo norteamericano.[40] A través de ella descubrió que los pastores utilizaban la confesión y absolución individual mucho más de lo esperado. De acuerdo a esa encuesta, los pastores luteranos utilizaron la confesión y absolución individual un promedio de 25 veces al año por pastor, aun cuando no cada situación involucró una absolución formal. Es interesante notar que los pastores y las congregaciones pertenecientes a la Conferencia Sinodal practicaron la confesión y absolución individual con más frecuencia que los pastores y las congregaciones pertenecientes al Concilio Nacional Luterano de entonces.

> Al comparar los dos grupos, los pastores de la Conferencia Sinodal lo practican más frecuentemente que los pastores del Concilio Nacional Luterano: más de treinta y dos casos, comparados con veintiuno. Estos números confirman la suposición anterior de que la confesión privada es utilizada más frecuentemente por los cuerpos eclesiásticos conservadores... aquéllos que tienen tanto la "Confesión", como "El Oficio de las Llaves", en su edición oficial del *Catecismo Menor de Lutero.*[41]

Sin embargo, el 80 por ciento de la práctica de la confesión y absolución individual estuvo conectado con "la comunión de los enfermos". El 20 por ciento restante estuvo dividido entre la confesión y absolución individual como un acto pastoral especial, o en conexión con el anuncio para la Santa Comunión. La confesión y absolución individual fue utilizada tres veces más a menudo como un acto pastoral especial, que en conexión con el anuncio para la Santa Comunión.

Hablando acerca de la práctica de la confesión y absolución individual en la vida congregacional, Enger nota que:

> Generalmente, si el pastor se opone a ella, la congregación no puede hacer mucho para mantener o introducir la práctica de la confesión privada. Por otro lado, si el pastor quiere utilizar la confesión privada en el cuidado de las almas, usualmente lo logrará, al menos hasta cierto punto. Con la enseñanza luterana acerca de la confesión privada como base, el pastor es libre de dar instrucción sobre la misma. Por lo tanto, en su práctica es esencial que el pastor tenga una actitud positiva hacia la confesión privada.[42]

---

40 La encuesta representó una muestra de más del 99 por ciento de todos los pastores parroquiales luteranos en los Estados Unidos. La muestra fue tomada al azar de uno de cada 20 pastores (5 por ciento) en los sínodos más grandes, y uno de cada 5 (20 por ciento) en los sínodos más pequeños. La encuesta incluyó 699 pastores, constó de 55 preguntas, y obtuvo una respuesta del 66.7 por ciento. Sus resultados se encuentran en Knut Enger, "Private Confession in American Lutheranism; A Study of Doctrine, History, and Practice," Diss. Princeton Theological Seminary 1962, 252-360.

41 Enger, 263.

42 Enger, 349.

Así es que una mayor información a nivel congregacional a través de la enseñanza, y una mayor exposición de los pastores durante su entrenamiento en el seminario, son los mejores caminos para aumentar la práctica de la confesión y absolución individual en la vida de la iglesia.

El estudio de Enger también indica claramente que el sujeto de la confesión y absolución individual evoca más que una respuesta académica de los pastores. Casi el 90 por ciento sintió que la confesión y absolución individual debería ser practicada más frecuentemente. Si unimos esta información con los resultados que dicen que, en promedio, un pastor luterano escucha 13 veces al año una "confesión de pecados" durante sesiones de consejería (sin dar absolución), y el potencial latente de la confesión individual y la absolución como un medio de cuidado pastoral se vuelve dramáticamente claro. Enger también coincide con la correlación de que, cuanto más se dé la "confesión de pecados" en la consejería pastoral, más posibilidades habrá de que el pastor practique la confesión y absolución individual como un recurso pastoral.

Es interesante notar que, de los 439 pastores que respondieron la pregunta acerca de la frecuencia anual con que ellos utilizan para sí mismos la confesión privada, el 29 por ciento respondió que se confesaron privadamente (usualmente a otro pastor) y recibieron la absolución. Los pastores que practicaron personalmente la confesión y absolución individual, utilizaron este recurso en su ministerio pastoral mucho más que otros pastores. [43]

Aun cuando las enseñanzas de la Iglesia Luterana apoyan la confesión y absolución individual, y si bien se cuenta con materiales disponibles, su práctica es todavía muy limitada. Y cuando la confesión y absolución son consideradas junto con el cuidado pastoral, su práctica es extremadamente limitada. Una reacción ante los abusos en la práctica de la confesión y absolución individual, y una falta de interés por la enseñanza cuidadosa sobre este tema han sido suficientes para suprimir la práctica general de la confesión y absolución individual, aun cuando en el luteranismo las mismas son una aplicación pastoral directa de la doctrina cardenal de la justificación.

Al mismo tiempo, algunas señales de interés indican que la práctica de la confesión y absolución individual no es una preocupación muerta en el luteranismo. La confesión general ha mantenido viva la conciencia del pecado. El Catecismo Menor de Lutero ha mantenido la práctica de la confesión y absolución individual ante las personas. Una mayor conciencia y práctica del ministerio de persona a persona, gran parte del cual se debe al énfasis y limitaciones de la psicoterapia, lleva en sí un renovado interés en las posibilidades de la confesión y absolución individual para el cuidado pastoral.

¿Qué dice acerca del ministerio una práctica tan débil de la confesión y absolución individual en el luteranismo contemporáneo? ¿Será que la Iglesia Luterana todavía comprende bien el significado del ministerio de la reconciliación?

43 Enger, 344.

¿Será que los luteranos están pasando por una crisis en el ministerio pastoral auténtico, porque ciertos recursos cristianos están siendo descuidados? Algunos mantienen que el uso actual del Oficio de las Llaves y de la práctica de la confesión y absolución individual en el luteranismo, indican lo incómodo de la comprensión que la iglesia tiene de su verdadero tesoro.

Ciertamente, el débil estado actual de la confesión y absolución individual despierta implicaciones acerca de la comprensión de un ministerio de reconciliación que no pueden ser evadidas. Es de esperar que el interés revitalizado en la práctica de la confesión y absolución individual pueda ser interpretado como un indicador de un deseo renovado de volver a los recursos pastorales auténticos en el ministerio. Las posibilidades de la confesión y absolución individual, como una avenida de ministerio pastoral auténtico en el área de cuidado y consejería pastoral, son a la vez fascinantes y dignas de ser buscadas.

Capítulo III

CONTRIBUCIONES DE LA CONFESIÓN Y ABSOLUCIÓN INDIVIDUAL AL CONSEJERO PASTORAL

Relación entre la confesión y absolución individual y la consejería pastoral

Una preocupación profunda por utilizar recursos teológicos sólidos en la consejería pastoral, sumada a las crecientes necesidades psicológicas y preocupaciones de nuestra época, ha motivado un renovado interés en la relación entre la confesión y absolución individual y la consejería pastoral. Cuando se trata de relacionar la confesión y absolución individual con la consejería pastoral, a menudo se cometen dos errores generales. Uno es la tendencia a confundir ambas por no apreciar la fuerza particular de cada una. El otro error es hacer una separación artificial o absoluta entre ellas, que termina robándoles las cosas que tienen en común y la habilidad de complementarse mutuamente.

Quienes miran la confesión y absolución individual desde una perspectiva litúrgica, rápidamente señalan que no es lo mismo que la consejería pastoral. Este autor está de acuerdo. La forma e intención de la confesión y absolución individual son, básicamente, una relación confesional y no una relación de consejería. La confesión individual es, antes que nada, una confesión a Dios y a su iglesia. La respuesta apropiada a ella es la absolución.

Así como el preservar una cuidadosa distinción entre la psicoterapia y la consejería pastoral es importante y beneficial para la integridad de cada una, el mantener una cuidadosa distinción entre la confesión y absolución individual y la consejería pastoral preserva tanto la particularidad de lo confesional, como el valor distintivo del proceso de consejería pastoral. En otras palabras, la anulación de una distinción reconocida entre ellas las daña a ambas. Cada una deliberadamente ocurre en un lugar físico diferente. Cada una debe seguir su propio canal, reflejando su propia peculiaridad.

Mientras que la consejería pastoral contemporánea continúa estando dominada por los conceptos de enfermedad, salud, integridad, normalidad, etc., la teología luterana considera que la esencia de la confesión y absolución individual está centrada en el pecado, la justificación, y el perdón. Mientras que una gran parte de la literatura sobre consejería pastoral habla de las relaciones terapeuta-paciente, terapeuta-cliente, consejero-cliente, consejero-aconsejado, la literatura sobre la confesión y absolución individual utiliza las expresiones confesor-confesante, o confesor-arrepentido. La clara postura religiosa y perspectiva teológica de la palabra "arrepentido" en contraposición a "paciente" o "cliente", es fácilmente reconocible.

Tales diferencias en terminología simplemente indican que la consejería moderna se ha desarrollado, en su mayoría, fuera de la teología, y continúa estando orientada mucho más a la psicología que a la teología. La confesión y absolución individual, por otro lado, tiene una orientación básicamente teológica. Como se ha mencionado previamente, una divergencia en conceptos teológicos básicos se vuelve crítica. Por ejemplo, para que exista una relación funcional entre la confesión y absolución individual y la consejería pastoral, el pastor debe aceptar consistentemente el concepto cristiano de la naturaleza humana. Lo mismo sucede con la actitud hacia los valores cristianos y los valores en sí mismos.

La confesión y absolución individual y la consejería pastoral también son diferentes en cuanto a su alcance y limitaciones. La obra, *The Pastor at Work* (*El trabajo del pastor*), nota:

> La consejería puede lidiar con el pecado y la culpa, y a menudo lo hace, pero no siempre tiene que tratar con este problema. La confesión es una forma de consejería, y la consejería es una forma de confesión, pero entre ellas hay una diferencia. La consejería trata los síntomas y también sus causas. La confesión trata directamente con las causas, el pecado, y la culpa.[1]

Aun cuando la consejería pastoral a veces se conforma con concluir su trabajo después de haber logrado un bienestar parcial del aconsejado, la confesión y absolución individual se empeña en recuperar la integridad esencial de la persona a través de una cura en el sentido profundo. Las técnicas utilizadas en la consejería pastoral pueden ayudar a clarificar la culpa, determinar su fuente, y sacar a la luz la culpa inconsciente, pero, aparte del evangelio, son impotentes para tratar de lleno con el pecado y la culpa.

La consejería pastoral también diverge de la confesión y absolución individual en que puede ser de beneficio para la persona mentalmente trastornada. Sin

1 Richard R. Caemmerer et al., The Pastor at Work (St. Louis; Concordia Publishing House, 1960), 284.

embargo, la confesión y absolución individual es a menudo inútil y hasta puede ser dañina para la persona con trastornos mentales. Desde un punto de vista psicogénico, la confesión y absolución individual es más apropiada para la persona que no sufre trastornos físicos. Una persona con trastornos mentales puede tener dificultad en hacer una confesión real y significativa de su pecado. Pero, dado que Dios no es limitado, esto no implica que la confesión y absolución individual nunca pueda ser efectiva con las personas con trastornos mentales.

En resumen, la confesión y absolución individual es más limitada que la consejería pastoral en el sentido que está dirigida específicamente a la confesión de pecados y apropiación del perdón. En otro sentido, la confesión y absolución individual es más amplia que la consejería pastoral (dependiendo de si la consejería pastoral utiliza otros medios de gracia) ya que puede tratar efectivamente con la raíz de la culpa y restaurar la integridad esencial a la persona.

Tanto práctica como teológicamente, la situación general en la Iglesia Luterana es que la consejería pastoral se ha vuelto un sustituto para la confesión, y el recibir la Santa Comunión para la absolución. Dado que la consejería pastoral se ha vuelto un remplazo para la confesión, deben existir similitudes significativas y cosas en común entre ambos procedimientos.

Primero, tanto la confesión y absolución individual como la consejería pastoral son medios para ministrar dentro de un contexto más amplio de ministerio. Ambos encajan dentro del objetivo final del cuidado y ministerio pastoral. Están relacionados porque cada uno es intrínseco a la naturaleza básica del otro. El utilizar ambos puede fácilmente hacer más efectivo el ministerio a la persona.

En el sentido más limitado, la consejería pastoral se concentra en dar consejo, mientras que la confesión y absolución se enfoca en la declaración del perdón. Pero toda la consejería pastoral contiene elementos de confesión, y toda la confesión y absolución lleva, dentro de sí, elementos de cuidado pastoral.

Segundo, tanto la confesión y absolución individual como la consejería pastoral, tratan con los mismos problemas básicos del pecado, la culpa, la ira, la hostilidad, la frustración, la soledad, los celos, y cosas semejantes. Éste es un factor importante para quienes utilizan tanto la consejería pastoral como la confesión y absolución individual para el orden y la renovación en sus propias vidas y en la vida de otros.

La persona y el oficio del pastor como una tercera área de convergencia entre la confesión y absolución individual y la consejería pastoral, será discutida en mayor detalle más adelante.

Cuarto, tanto la confesión y absolución individual como la consejería pastoral frecuentemente atraviesan las mismas etapas de la aceptación, la comprensión y la clarificación de los conflictos interiores.

Quinto, la necesidad de "confesar" se vuelve una de las áreas más pronunciadas de convergencia entre la confesión y absolución individual y la consejería pastoral. Daniel Day Williams dice:

> Existe la necesidad de confesar... Las iglesias protestantes están volviendo a pensar la teología y práctica de la confesión a la luz del consejero pastoral. Aceptemos o no la institución de la confesión como una forma sacramental y litúrgica, sabemos lo que significa revelar nuestro ser interior a una persona madura y comprensible. Esto no es una negación o sustitución de la confesión a Dios, sino una condición humana que prepara para la confesión total a Dios.[2]

Ya sea que la llamemos confesión o catarsis emocional, la misma existe como una técnica importante y reconocida en la consejería. "Las autoridades en medicina, psiquiatría, teología, y psicología, concuerdan en que la confesión es necesaria en todo caso que trata seriamente con la culpa."[3]

Cuando una persona va al pastor con el propósito expreso de una confesión y absolución individual formal, el pastor debe alentar ese deseo, sin intentar de involucrar a esa persona en una o más sesiones de consejería. La integridad de la confesión y absolución como un oficio y orden en la iglesia debe ser mantenida. Cuando la confesión y absolución individual es practicada regularmente por una persona, y el pastor conoce bien a esa persona, el proceso puede ser tremendamente significativo y beneficioso. Sin embargo, no muchos protestantes saben cómo hacer una confesión individual. Se den cuenta o no, cuando van al pastor a hacer una confesión de pecado o culpa, en realidad están buscando ayuda para clarificar lo que necesitan confesar. En tales casos, si lo único que se utiliza es una aproximación directa que permita al confesante confesar su pecado, seguida por el pronunciamiento de la absolución, los efectos y valor pueden resultar bastante limitados.

Hoy día son pocas las personas que van al pastor con la intención de hacer una confesión formal. Más bien van a discutir problemas, a buscar dirección y ayuda, y a considerar la voluntad de Dios para sus vidas. Esto a menudo lleva a una especie de confesión informal dentro de la situación de consejería pastoral en la que no se da la absolución, sino que se comparten palabras pastorales de aliento, oración, textos de la Escritura y otros recursos similares. Una de las conclusiones de este estudio es que el proceso de consejería pastoral puede servir como una excelente preparación para el acto de confesión individual de pecados. El proceso de consejería, con la oportunidad que da de discutir y clarificar, presenta una dimensión y preparación extremadamente importante a lo que luego podría seguir en la confesión y absolución individual.

El consejero pastoral debería considerar seriamente las posibilidades de la consejería pastoral como una sólida preparación para la confesión y absolución individual. Mientras que la confesión y absolución individual puede ocurrir durante cualquiera de las sesiones de consejería pastoral (lo importante es estar

2 *Daniel Day Williams, The Minister and the Care of Souls (New York; Harper and Bros., 1961), 119–20.*

3 *George W. Bowman III, The Dynamics of Confession (Richmond; John Knox Press, 19(9), 30.*

preparado), este autor sugiere que el uso de la confesión y absolución individual suceda hacia el fin del proceso de consejería. De esta manera se obtendrían todos los beneficios del proceso de consejería, y el pastor podría utilizar la confesión y absolución individual como una manera concreta de resumir dónde ha estado el aconsejado, así como también de demostrar cómo el poder de Dios puede hacer una nueva criatura a través de la absolución. Al ubicar la confesión y absolución al final del proceso de consejería, se convierte en un puente entre la consejería y el regreso de la persona al cuidado pastoral de la congregación. Si las sesiones de consejería pastoral tuvieron lugar en la oficina del pastor, es recomendable que el acto de confesión y absolución se realice en la iglesia. Esta transferencia física provee el beneficio de concluir psicológicamente la parte de consejería pastoral; ayuda a enfatizar la acción de la confesión y absolución individual como un oficio u orden especial en la iglesia; y ubica al pastor y confesante en el marco históricamente establecido para la confesión y absolución individual. [4]

Algunas situaciones pueden requerir de la confesión y absolución individual, *o* de la consejería pastoral. Sin embargo, muchas situaciones que requieren la atención del consejero pastoral podrían beneficiarse tanto del proceso de la consejería pastoral *como* del acto de la confesión y absolución individual. Los dos procedimientos poseen una interrelación dinámica que afecta su relación funcional, resultando en una cura del alma mayor y mejor que si una fuera usada por sí sola, descuidando la otra. La combinación de la consejería pastoral y la confesión y absolución individual vence las debilidades frecuentes de cada una, y ofrece al consejero pastoral un recurso que afecta el cuidado pastoral auténtico.

Importancia y contribución de la confesión

La teología luterana ha resaltado consistentemente como muy importante a la absolución en la confesión y absolución individual. El dar tan alto valor a la absolución, hasta cierto punto, ha eclipsado el valor real y correcto de la misma. Parte de esto surge de la determinación de los reformadores luteranos de sondar la profundidad y magnitud del perdón de Dios. Aquí, la confesión usualmente era vista como la obra del ser humano, mientras que la absolución era obra de Dios. Al enfatizar el valor de la catarsis, algunos métodos modernos de consejería pastoral han ofrecido un recordatorio y contribución importante al cuidado pastoral luterano.

En la consejería pastoral, el pastor es a menudo llevado a áreas de la vida de las personas en donde los sentimientos, las actitudes y las relaciones se encuentran atormentados. Su tarea es escuchar, simpatizar, comprender, clarificar, y aconsejar. Consecuentemente, el consejero pastoral relativamente inexperimentado

4 *Paul H. D. Lang, "Private Confession in the Lutheran Church," Una Sancta, 22 (1965), 34–38.*

(así como a veces el pastor experimentado) se encuentra a veces yéndose por la tangente. Cuando la confesión y absolución individual funciona en relación con la consejería pastoral, ve los problemas y soluciones en términos de relaciones con Dios y con las personas quebrantadas por el pecado, y reconoce la necesidad de la sanidad que Dios da. En este aspecto, en vez de ser simplista en su perspectiva, la confesión y absolución individual ayuda al consejero pastoral a enfocarse en los problemas fundamentales.

El propósito de la confesión es que la persona pueda ser restaurada de la soledad a la seguridad, y aceptada a través de la reconciliación. El hecho y presencia de Dios en una confesión teológica lo hace cualitativamente diferente de una confesión psicológica o emocional. la obra, *"What, Then, Is Man?"* (*¿Qué es entonces el ser humano*), dice:

> La confesión siempre es una expresión de culpa con respecto a una transgresión de la voluntad de Dios. El contenido de la confesión puede incluir pecados definidos de los cuales la persona es consciente, como también una admisión de su estado de rebelión contra Dios. Siempre incluye una expresión de fe en Jesucristo. [5]

La confesión genuina tiene dos lados. El lado negativo expresa las debilidades, pecado, y necesidad de la persona; el lado positivo expresa su fe, su disposición a confesar, su deseo de ser liberado, y su disposición de hacer lo que sea necesario para ser reorientada.

La necesidad de confesar incluye la compulsión del aconsejado de dar expresión a la culpa y las otras emociones debilitantes de ansiedad y resentimiento que usualmente van asociadas con ella. Con respecto a la mecánica, la necesidad de confesar puede ser considerada como una simple extensión de la necesidad de ser escuchado. Bowman califica muy alta esa necesidad de ser escuchado en la confesión:

> El escuchar que ayuda a provocar una confesión verdadera y válida, involucra en forma vital al confesor con el confesante... Para el confesor, entonces, su prestar atención implica mucho más que el simple acto de escuchar la narración de una experiencia desafortunada. Es algo que requiere de su empatía, la necesidad de "sentir junto con" el confesante, quien está suplicando que le ayuden a cargar con el peso de su culpa... Es imposible sobreestimar lo importante que es el escuchar para aliviar la culpa y alcanzar la absolución. [6]

Esta necesidad no es de ser escuchado por una persona cualquiera, sino más bien de ser escuchado por un pastor, con todas las implicaciones de su puesto y oficio.

5 [Paul Meehl et al.], What, Then, Is Man? (St. Louis: Concordia Publishing House, 1958), 281.

6 Bowman, 88.

Las personas tienen una profunda necesidad de confesar sus pecados; pareciera haber una "compulsión intuitiva" dentro de ellas a confesar su culpa a otros. La motivación para hacer confesión surge del propio sentido de urgencia del aconsejado, y del significado de la relación que la persona percibe con y a través del pastor. Dado que la confesión es un acto doloroso y difícil, a menudo antes de realizarla el pecado y la culpa ejercen fuertes presiones.
La teología luterana ve tanto la función acusatoria de la ley que obra a través de las Escrituras, en la conciencia de la persona, y en el mundo, como la obra del Espíritu Santo, como las influencias que preparan e impelen a las personas a la confesión. Martín Marty dice: "La confesión siempre ocurre a la luz de la ley de Dios, que destruye toda pretensión".[7] Para que ocurra una confesión efectiva, el aconsejado o confesante debe estar espiritualmente dispuesto a buscar el perdón. Usualmente, cuando una persona va al pastor para confesarse, la función acusatoria de la ley ya ha obrado en su vida.

> Es correcto que tanto la ley como el evangelio deben ser usados en la consejería pastoral. Pero los avances psicológicos dejan en claro que, cuando una persona se confiesa a un pastor, la ley ya ha obrado. Quizás al principio la persona no esté totalmente consciente de la ley... pero podemos estar seguros que, el hecho que esa persona esté allí, se debe a alguna experiencia dolorosamente acusadora. No se puede establecer una regla general, pero debería ser evidente que no es necesario hacer uso de la ley para reafirmar un sentimiento de pecado e indignidad que ya es extremadamente agudo.[8]

La dinámica de la confesión incluye los siguientes factores: (1) focalizar el pecado; (2) traer a la superficie el pecado y la culpa; (3) articular en forma real los sentimientos personales; (4) admitir la seriedad del pecado; (5) reconocer la realidad de Dios; (6) revelar el pecado en presencia de otra persona; (7) tener humildad y arrepentimiento; (8) aceptar la responsabilidad; (9) desear el perdón; y (10) estar dispuesto a reorientar la vida. Un breve comentario explicará el significado particular de cada uno de estos factores.

1. *Focalizar el pecado*

En la confesión individual el pecado nunca debe ser generalizado, sino que debe ser específico y concreto. Enfocarse en el pecado específico ayuda a identificar la culpa que de él surge.

2. *Traer a la superficie el pecado y la culpa*

Cuando uno revela el pecado, contar los detalles de la experiencia a menudo produce un alivio emocional. El instrumento de la confesión es extremadamente

7 Martin Marty, The Hidden Discipline (St. Louis: Concordia Publishing House, 1962), 97.

8 [Meehl], 283.

terapéutico para el alivio de la culpa reprimida, pues reduce las presiones mentales y ayuda a tomar conciencia de lo inconsciente.

3. *Articular en forma real los sentimientos personales*

A través de la verbalización, el aconsejado o confesante admite su pecado y culpa a Dios, a otra persona, y a sí mismo. Al hablar de ellos, el pecado y la culpa son reconocidos y enfrentados. El aconsejado hace más que un simple relacionar ciertos sentimientos: en la verbalización, esos sentimientos son en realidad liberados. Con respecto a este efecto catártico, Bowman dice:

> Al mismo tiempo que se produce la externalización del pecado a través de la verbalización y de los efectos no verbales como el llanto, el retorcer las manos o el titubear, en la confesión de los miedos, ansiedades, dolores, conflictos, y vergüenza asociados con la culpa también se produce una catarsis interna.[9]

En algunas situaciones es admisible y hasta aconsejable que, a los efectos no verbales y al lenguaje corporal, se sume una confesión por escrito.

4. *Admitir la seriedad del pecado*

En el acto de confesión hay un reconocimiento no sólo del pecado, sino también de su significado y dimensión real para la persona. Es un reconocimiento completo y aceptación total, sin excusa, de su mal y culpa delante de Dios.

5. *Reconocer la realidad de Dios*

La presencia del pastor nos recuerda que no hemos pecado contra un "poder divino" nebuloso, sino contra el Dios vivo.

6. *Revelar el pecado en presencia de otra persona*

Como brevemente lo dice Dietrich Bonhoeffer: "El hombre que confiesa sus pecados en la presencia de un hermano sabe que no está más a solas consigo mismo; en la realidad de la otra persona experimenta la presencia de Dios."[10]

7. *Tener humildad y arrepentimiento*

La verdadera confesión en presencia de otra persona requiere humildad y arrepentimiento genuino. En esta acción uno viene al lugar de la muerte pública del pecador: la cruz.

9 Bowman, 43.

10 Dietrich Bonhoeffer, Life Together, trans. John W. Doberstein (New York: Harper and Row, 1954), 116.

8. Aceptar la responsabilidad
La persona acepta su responsabilidad por lo ocurrido. No queda duda sobre la culpa, o falta de ella, del confesor.

9. Desear el perdón
El desear el perdón no es un fin en sí mismo. Más bien, el perdón es tanto una condición como un medio para una relación restaurada entre Dios y el hombre. El deseo del perdón es, en realidad, una añoranza de integridad y salud.

10. Estar dispuesto a reorientar la vida
Este deseo o disposición reconoce el potencial de restauración del pecado para el servicio. Se vuelve válida la genuinidad del deseo de ser perdonado.
Estos factores, que fluyen de una comprensión teológica y práctica profunda de la confesión individual, conforman una valiosa contribución para el consejero pastoral. Cuando la confesión y absolución individual es utilizada junto con la consejería pastoral, el valor de estos elementos permea la parte de la "confesión" del ministerio de consejería pastoral, dándole una nueva dimensión.
Probablemente no siempre sea fácil el proceso de llevar al aconsejado o confesor al punto de articulación. Dado que habrá momentos en los cuales un remordimiento o sentimiento abrumador de vergüenza hará que la persona se quiebre, el pastor debe ser paciente y a la vez sensible. En la experiencia de la confesión, la personalidad toda del individuo es a menudo afectada muy fuertemente por elementos emocionales como odio al pecado, pena por el pecado, amor y gratitud hacia Dios, y liberación de la carga y temor de la culpa. Al tratar de alentar y facilitar que el aconsejado saque a la superficie expresiones de pecado y culpa que ha mantenido enterradas, el pastor debe evitar el peligro de "incitar" a la confesión.
Al mismo tiempo, una de las tareas del consejero pastoral es ayudar al aconsejado a hacer una confesión total para que pueda lograr la paz con Dios, con sus hermanos, y consigo mismo. En otras palabras, en la confesión se debe lograr tanto un nivel psicológico como espiritual. Si la persona trata de "zafar" demasiado fácilmente, sin considerar seriamente por qué cometió cierto pecado, o cuáles fueron sus consecuencias, ese pecado pierde su gravedad pudiendo resultar en un arrepentimiento falso. Por otro lado, si al aconsejado se le ha humillado a pesar de que ya se había arrepentido, se puede causar un serio daño al sentido del perdón. La suficiencia de la "confesión" es un área de juicio pastoral. Arrepentimiento y confesión no deberían ser repetidos por pecados y culpa previamente absueltos o dejados atrás, por más que aún vuelvan a la memoria. Estos sólo deben ser reconsiderados si el confesante no se ha apropiado del perdón.
Al discutir el significado y la contribución de la confesión, es importante considerar la relación y las diferencias específicas entre la catarsis y la confesión. Es interesante notar que, a pesar que el valor terapéutico de la catarsis en la

confesión ha sido reconocido y practicado en la iglesia durante siglos, la psicología moderna lo descubrió por accidente.[11]

Como hemos dicho antes, la catarsis y la confesión tienen mucho en común, ya que contienen muchos elementos similares y funcionan con una dinámica similar. Sin embargo, no son idénticas. La catarsis, por ejemplo, es a menudo utilizada como un fin en sí mismo, mientras que la confesión siempre prepara y lleva a la absolución. Tanto la catarsis como la confesión conllevan un alto nivel emocional y un flujo de sentimientos intensos; sin embargo, la catarsis usualmente tiende a ser menos estructurada y menos específica en su proceso de ventilación. La catarsis puede ocurrir fuera del contexto de tratar de descargar los sentimientos de culpa y pecado. La confesión reconoce específicamente la dimensión espiritual: Dios es la tercera persona presente.

Cuando la consejería pastoral y la confesión y absolución individual son utilizadas juntas, parecería aconsejable que los momentos de catarsis emocional ocurrieran durante la(s) sesión(es) de consejería pastoral. En ese entorno, el pastor puede alentar la liberación emocional que sea necesaria. Para lograrlo, Clinebell sugiere que el pastor utilice las siguientes estrategias:

(1) Evitar hacer preguntas que sólo buscan información... (2) Preguntar acerca de los sentimientos... (3) Responder a los sentimientos más que al contenido intelectual... (4) Estar atento a pistas que lleven a la comunicación de los sentimientos... (5) Estar especialmente atento a sentimientos negativos, que son los más frecuentemente reprimidos... (6) Evitar tanto las interpretaciones, como los consejos prematuros.[12]

Este modelo busca de utilizar la catarsis psicológica y emocional como una preparación significativa para la confesión teológica.

Importancia y contribución de la absolución

La absolución individual es considerada muy importante en la teología luterana como una forma especial del evangelio que otorga la remisión de pecados comprada por Cristo. Recibida por fe, la absolución otorga la seguridad del perdón de Dios del pecado y la culpa confesados. La absolución incluye los conceptos de exoneración, perdón, remisión, y nueva vida. La importancia teológica de la

11 Por ejemplo, en sus primeros años como neurólogo, Freud no conocía la catarsis. A través de una observación accidental, Josef Freuer descubrió el valor de la "cura del habla", o "limpieza de la chimenea". Freuer compartió sus descubrimientos con Freud y, en 1893, en conjunto emitieron un informe en el cual a su tratamiento lo llamaron de método catártico, porque su valor residía en la catarsis, o sea, la limpieza mental y emocional a la que el paciente estaba sometido durante el mismo. Este proceso de descarga también fue llamado abreacción, que literalmente significa "re-accionar" o "ab-reaccionar" algo reprimido, aliviándose de esa manera. Ver Sigmund Freud, The Basic Writings of Sigmund Freud, trad. y ed. al inglés A.A. Brill (New York: Random House, 1938), 7-9.

12 Howard J. Clinebell Jr., Basic Types of Pastoral Counseling (Nashville: Abingdon Press, 1966), 70.

absolución individual ofrece una posibilidad y valor tremendos para el cuidado pastoral de las almas.

En nuestra discusión sobre la absolución es necesario considerar el tema de la culpa. El concepto de culpa tiene una importancia relevante tanto para la psicología como para la teología. La siguiente breve delineación de la culpa sirve al propósito de proveer una comprensión del problema central en la confesión y absolución.

Es útil y necesario hacer una distinción entre culpa "consciente" e "inconsciente":

> La culpa consciente es el reconocimiento de que uno ha hecho algo prohibido (por la ley moral o religiosa, por la sociedad o la cultura), o que ha fallado en vivir de acuerdo a las normas establecidas... El haber errado, o el haber fallado en hacer lo correcto, es claramente visto por el pecador como un acto o pensamiento que produce culpa. La culpa inconsciente no es reconocida por la persona culpable. Es esa culpa que no se recuerda y no puede ser vista o tratada a nivel consciente. El confesante ha reprimido esta culpa en el subconsciente. [13]

El acto de represión conectado con la culpa inconsciente es por lo general un mecanismo de auto defensa a través del cual las personas se resisten a enfrentar sus sentimientos reales.

El área de culpa consciente puede ser dividida en dos categorías generales. La primera categoría incluye referencias a la culpa en el sentido legal o teológico, en el cual la persona se da cuenta que ha transgredido las normas y se siente responsable por las mismas. Este tipo de emoción se ha llamado de culpa verdadera, culpa constructiva, culpa existencial, culpa normal, culpa realista, culpa racional, y culpa válida. Por ejemplo, Bowman describe esta categoría en términos de culpa real.

> La culpa real es el resultado de un pecado real. En la culpa real uno se condena y juzga a sí mismo, o admite ante sí mismo que merece el juicio externo de otros y de Dios. La culpa real es sentida como una responsabilidad y como algo malo por lo cual la persona es responsable. [14]

La segunda categoría incluye referencias a la culpa en el sentido psicológico o subjetivo, en la cual puede haber poca o ninguna base factual para la emoción. Este tipo de emoción ha sido llamada culpa falsa, culpa exagerada, culpa utópica, pseudo culpa, culpa neurótica, y culpa mórbida. Tal culpa utópica incluye un sentido sobrecogedor de vergüenza, o una carga intolerable por un pequeño pecado o incidente. En otras palabras, la culpa del aconsejado ha

13 Bowman, 55.

14 Bowman, 59.

sido tremendamente exagerada. Estos sentimientos exagerados de culpa son completamente subjetivos, ya que se refieren a un estado de la mente y no a una situación objetiva. Además, la culpa utópica tiende a ser punitiva en su auto-condenación y auto-castigo.
Toda culpa, incluyendo la culpa inconsciente, involucra los sentimientos. Sin embargo, los sentimientos de culpa no son necesariamente lo mismo que la culpa, como lo evidencia la frecuente confusión semántica que se produce cuando los psicoterapeutas y los teólogos entran en diálogo.

> Cuando un psicoterapeuta habla acerca de la "culpa", casi siempre se refiere al "sentimiento de culpa", por ejemplo, un evento o estado psicológico... Pero cuando el pastor o teólogo habla de la culpa no se refiere a un sentimiento, sino a una relación objetiva ética o forense entre un hombre y Dios (o entre un hombre y otro hombre). Sentirse culpable y ser culpable obviamente no son lo mismo...
>
> ... Por lo que aquí el uso doble de la misma palabra "culpa", significando tanto culpabilidad objetiva como sentimiento de culpa, ha llevado a un conflicto innecesario. [15]

Más aún, los sentimientos de culpa no necesariamente surgen de una culpa objetiva; pueden surgir de otras fuentes. A su vez, los sentimientos de culpa pueden ser indicativos de una culpa real. Por ejemplo, los sentimientos de culpa son como tener una comezón, y la culpa es como tener pulgas. A veces a uno le pica sin tener pulgas; a veces uno tiene pulgas y no le pica. Pero, por lo general, cuando uno tiene pulgas, le pica. La mejor forma de resolver el problema es concentrándose en deshacerse de las pulgas y no concentrándose en rascarse.

> El terapeuta cristiano que cree que el universo está gobernado por principios morales, será sensible a los problemas emocionales de su paciente que surjan de un sentimiento de culpa y otras realidades emocionales, pero su diagnosis incluirá el reconocimiento que el paciente, siendo pecador, es genuinamente culpable. Su visión de una cura y sus limitaciones incluirán los recursos de la gracia de Dios en Cristo para el perdón de pecados; mientras que aquéllos con una visión más limitada del mundo a veces trabajan, ya sea consciente o inconscientemente, para deshacerse de la noción del pecado. [16]

La culpa no va sola, sino que está inseparablemente conectada con la ansiedad y la hostilidad. Si en la confesión el consejero pastoral responde sólo a la culpa, los resultados serán parciales. Sin embargo, la relación de trabajo entre

15 [Meehl], 152–53.

16 [Meehl], 26.

la consejería pastoral y la confesión y absolución individual bien puede ser empleada aquí, ya que la consejería pastoral puede responder a la ansiedad y la hostilidad que acompañan a la culpa. De esta manera, la consejería pastoral sirve como una ayuda íntegra a cualquier simplificación excesiva de parte de la confesión y absolución individual hacia la culpa.

El problema más básico y fundamental en la consejería pastoral involucra el tema de la culpa.

> La culpa es fundamental para casi todo problema de la personalidad humana; engendra ansiedad, se manifiesta en el complejo de inferioridad, y sigue al resentimiento. Toda consejería—sea religiosa o secular—que quiera tener éxito en ayudar a las personas con sus problemas, debe saber qué hacer con el problema de la culpa. [17]

Si la persona va a encontrar alivio y restauración, el problema de la culpa no puede ser esquivado o ignorado. Para vivir una vida con sentido es absolutamente necesario quitar la culpa. Sin embargo, en este punto, las técnicas y metodologías de la psicología y psicoterapia se quedan cortas. "Sin embargo, hay un área con la cual la psicoterapia no puede tratar, y es con la culpa real." [18] "La psiquiatría no tiene una técnica para poder disipar la culpa real." [19] Paul Tournier dice que "el psicoanálisis no elimina la culpa, sino que la cambia de lugar". [20]

Básicamente, la culpa real permanece como un problema teológico que debe ser tratado como tal. Como problema teológico, la culpa sólo puede ser tratada con el perdón divino, y no tratando de explicarla. La confesión y absolución individual se enfocan directamente en quitar la culpa. Bowman dice que "una lucha realista con la naturaleza radical y destructiva de la culpa demanda el ministrar religioso de la confesión". [21] En su discusión sobre la remoción de la culpa, Paul E. Johnson mantiene que "no hay cura sin confesión". [22] En otro lugar, Bowman dice: "Para tratar con la culpa, la confesión no se compara con nada." [23] Sus palabras repiten el pensamiento de Lutero, quien decía que la confesión y absolución individual eran "una cura sin igual" para las conciencias angustiadas. Así como la consejería pastoral se concentra en su problema fundamental, a saber, la culpa; la iglesia ofrece su doctrina fundamental, a saber, la justificación por gracia a través de la fe. La doctrina de la justificación enfrenta los

17 William E. Hulme, Counseling and Theology (Philadelphia: Muhlenberg Press, 1956), 156.

18 Beaumont Stevenson, "Confession and Psychotherapy," The Journal of Pastoral Care, 20 (March 1966), 12.

19 John G. McKenzie, Guilt: Its Meaning and Significance (New York: Abingdon Press, 1962), 147.

20 Paul Toumier, Guilt and Grace, trad. Arthur W. Heathcote (New York: Harper and Row, 1962), 129.

21 Bowman, 38.

22 Paul E. Johnson, Psychology of Pastoral C are (Nashville: Abingdon Press, 1953), 121.

23 Bowman, 31.

problemas del pecado y la culpa en sus raíces. La confesión y absolución individual existe como una aplicación pastoral importante y directa de la justificación por gracia a través de la fe.

> Es evidente que de la confesión y absolución hay profundos resultados espirituales y psicológicos. Dios mismo remueve toda la culpa del pecador y perdona, a la vez que cancela, las transgresiones. La iglesia ofrece el recurso de la gracia de Dios para el perdón completo. [24]

Por lo tanto, los consejeros pastorales deben considerar seriamente utilizar la confesión y absolución individual como un medio para ministrar a las personas. Y no se trata sólo del pastor y el confesante lidiando con sentimientos y emociones, o usando términos religiosos en lugar de términos psicológicos.

> El consejero pastoral ve el perdón firmemente arraigado en el perdón que Dios nos da. El perdón no es un fenómeno psíquico interno que no requiere un agente externo, ni es la absolución del ego por parte del superego. El perdón cristiano tiene profundas raíces históricas en la vida, muerte, y resurrección de Jesucristo, y cualquier discurso de perdón aparte de ese evento no le hace justicia al mensaje bíblico. [25]

Recibir la absolución o el perdón es estar bajo el poder del Oficio de las Llaves. El pastor da la absolución en virtud del poder y autoridad dados por Dios. Cuando el pastor expresa la autoridad de Jesucristo de perdonar pecados, la persona que confiesa recibe esa seguridad. "El mensaje del perdón de Dios es la palabra más profunda dada al hombre. Toma el apuro del hombre con la mayor seriedad; toma las increíbles dimensiones del amor de Dios con increíble seriedad." [26]

Cuando el pastor pronuncia la absolución, el sonido de su voz cuando dice las palabras de perdón agrega la dimensión de realidad y garantía al confesante. A través de la voz humana que habla el perdón, Dios toca al corazón afligido con su presencia, su paz, y su sanidad. El pastor le dice a la persona arrepentida las palabras de absolución con certeza y autoridad. El pronunciamiento de la absolución puede ir acompañado de otros elementos como la imposición de manos, el tocar la estola, y la señal de la cruz. Ninguno de estos elementos es esencial para la absolución; sin embargo, pueden ayudar a subrayar la realidad del perdón que se está transmitiendo.

---

24 [Meehl], 261.

25 Frank C. Peters, "Counseling and Evangelical Theology," Bibliotheca Sacra, 125 (January–March 1969), 13.

26 Alvin N. Rogness, Forgiveness and Confession: The Keys to Renewal (Minneapolis: Augsburg Publishing House, 1970), 52.

El propósito primario de la absolución no es la liberación emocional o psicológica, sino la creación o el fortalecimiento de la confianza personal en el perdón de Dios. Para que la absolución sea efectiva, el significado de la misma debe ser tan claro y real para el aconsejado como la culpa. El punto final del proceso no es alcanzado cuando el pastor dice "te absuelvo", sino cuando el confesante sinceramente dice: "creo que Dios me ha perdonado", o "confío en el perdón de Dios". A las personas a veces les resulta difícil aceptar el perdón de Dios. Sienten que valen poco delante de Dios, lo que hace que no se sientan perdonados, o tienen tendencias dentro de sí mismos que les hacen auto-castigarse más que aceptar tal perdón. La facilidad o dificultad con que una persona acepta el perdón de Dios depende de al menos tres factores: (1) el concepto que tenga de Dios (qué clase de Dios es), (2) su disposición para perdonar a los demás; (3) su disposición para perdonarse a sí misma. El no estar dispuesto a perdonarse a sí mismo puede ser una señal de que la persona en realidad tiene reservas acerca de su confesión. El no estar seguro con respecto a perdonar a otro puede surgir de no estar expuesto al perdón en acción. Algunas personas viven en un entorno en el cual experimentan o llegan a conocer muy poco del perdón.

En la absolución se acercan los elementos teológicos y psicológicos. La dimensión psicológica de darse cuenta, experimentar, asimilar, y sentir el perdón debe estar basada en la dimensión teológica de la fe, ya que la fe es tanto la precondición para recibir la absolución, como el resultado de la misma. Por fe una persona se apropia del perdón que ha sido preparado por Cristo y ofrecido por Dios a través de la absolución. Sin fe uno no puede recibir la absolución, porque la promesa del perdón es inefectiva hasta que no es apropiada por la fe. La fe trasciende la voluntad y los sentimientos humanos. Puede darse el caso en que una persona no se "sienta" particularmente perdonada después de la absolución. Sin embargo, por causa de la fe en las promesas de Dios, esa persona puede retornar a su hogar creyendo y confiando en la seguridad de su perdón.

La absolución no sólo produce la liberación de algo (pecado y culpa), sino que también produce la liberación *para* algo. Las palabras: "te absuelvo", significan que Dios ha creado algo nuevo: una persona perdonada que es libre para tener relaciones restauradas. A la luz del perdón, la persona puede revaluarse a sí misma y su relación con los demás. El perdón saca a la persona del aislamiento y la pone en comunidad y servicio.

El recibir y aceptar el perdón a través de la absolución eleva el concepto de "aceptación" en la consejería pastoral y la confesión y absolución individual. Por un lado, la comprensión psicológica de aceptación necesita ser diferenciada de la comprensión teológica de la gracia, ya que la dinámica humana y el encuentro entre el consejero y el aconsejado, más allá de lo profundo que sea, nunca tiene la proporción del encuentro divino de la gracia. Por otro lado, la aceptación que el aconsejado experimenta con el consejero pastoral a menudo se convierte en una indicación de la comprensión por parte del aconsejado de la aceptación de

Dios. Más aún, prepara el camino para que el aconsejado se acepte a sí mismo. En conexión a esto, Frank C. Peters observa:

> La teología evangélica le recuerda al consejero que él no es la fuente de aceptación, sino que sirve como un comunicador de la aceptación divina. Tal comunicación viene a través de la palabra y de la experiencia del paciente con otro ser humano que le acepta "en nombre de Cristo". El consejero efectivo le ofrece a la persona la posibilidad de auto-aceptarse así como es. [27]

Si el consejero pastoral trata de expresar la aceptación sin condenar ni consentir ciertas acciones del aconsejado, es importante que lo haga de tal manera que no dé la impresión que a Dios no le importan esas cosas en la vida del aconsejado. Dios no es neutro con respecto al pecado, pero sí ama a las personas, a pesar de su pecado y rebelión.

En la relación dc trabajo entre la consejería pastoral y la confesión y absolución individual, hay dos peligros especiales con respecto a la absolución. El primero de estos peligros radica en la tentación que el consejero pastoral puede tener de minimizar los sentimientos negativos del aconsejado. El tipo de respuesta que comunica al aconsejado: "Creo que está tomando este asunto demasiado en serio", puede tener efectos dañinos en la culpa del aconsejado. El segundo peligro se presenta cuando el consejero pastoral tiende a pronunciar la absolución demasiado pronto o prematuramente. En ambos casos la razón radica en el hecho que el pastor no es capaz de permitir que otra persona sufra. Con respecto a esto, Hulme observa:

> En realidad, el pastor que es alérgico al sufrimiento no actúa en amor para con el aconsejado. Dios, por ejemplo, muestra amor al permitir que su pueblo sufra, si a través de ese sufrimiento le puede dar algo mayor. Éste es el significado del concepto bíblico de la reprimenda, y es una parte integral de la doctrina de la santificación. El motivo del pastor puede provenir más de su debilidad, y su consuelo puede ser más para él que para el aconsejado. [28]

El minimizar la culpa u otorgar una absolución prematura disuelven el sentido de la confesión y, consecuentemente, le quitan al aconsejado la dimensión y posibilidad total del perdón, causando dolor y confusión.

En raras situaciones el pastor puede decidir no pronunciar la absolución. Obviamente, deberá tener razones válidas y concretas para tomar esta acción. Sin embargo, si se hace una confesión incompleta o no sincera, o si es necesario que primero se lleve a cabo cierta restitución, enmienda o disculpa, el pastor puede decidir posponer la absolución. Es importante recordar que el Oficio de las Llaves también funciona de esta manera. El negarse a dar la absolución no debe ser

27 Peters, 14.

28 Hulme, 46.

visto como un castigo, sino como un cuidado y una directiva terapéutica hacia aquello que todavía está faltando en la confesión. Esta acción está designada a llamar a la persona a realizar un inventario espiritual serio.

El perdón no es un fin en sí mismo; más bien, es un medio. El objetivo de la absolución es el perdón que restaura la comunión con Dios, con el prójimo, y consigo mismo. El efecto de la confesión y absolución debería ser que la persona tiene la intención de enmendar su vida con la ayuda del Espíritu Santo. Si bien el luteranismo ha puesto un gran énfasis en la justificación y el perdón, no ha hecho lo mismo con lo de mejorar la vida. Toda vez que se da una comprensión mecánica del proceso de justificación, los resultados dejan sin tocar los pecados e intenciones de las personas. Un énfasis adecuado en las enmiendas puede ser la respuesta parcial a la inefectividad y despreocupación de la vida de muchos cristianos.

El enmendar la vida es parte de la doctrina de "la vida cristiana", o de "la santificación y las buenas obras". Las enmiendas fluyen de un corazón lleno de gratitud porque el pecado y la culpa han sido removidos, y de la decisión de caminar con el Espíritu y producir el fruto del Espíritu. La comprensión correcta de la enmienda evita hasta el intento más mínimo de justificase a uno mismo delante de Dios.

Junto con el tema de la enmienda de la vida se encuentra el tema de la restitución o reparación. Las "buenas obras", que incluyen la restitución son, propiamente hablando, un resultado o fruto del arrepentimiento. Tanto la presencia como la eliminación de la culpa, a menudo hacen que las personas sientan fuertes deseos de hacer restitución por los males cometidos. Consecuentemente, el tema de la restitución tiene tanto aspectos positivos como negativos. El aspecto negativo de la restitución se da cuando el confesante piensa que puede compensar por su pecado tratando de restaurar la situación anterior. Esta clase de intento de hacer justicia es tanto fútil como imposible, ya que la única expiación verdadera por el pecado y la culpa ha sido hecha por Jesucristo. El aspecto positivo de la restitución sucede cuando la persona, que ha muerto espiritualmente y vuelto nuevamente a la vida a través de la confesión y absolución, se propone evidenciar la fe y la nueva vida en Cristo haciendo restitución, tan realísticamente como sea posible, a las partes lastimadas. Uno debe reconocer que no siempre existe la posibilidad de hacer restitución directa. Sin embargo, hasta el deseo y la buena voluntad son indicativos de haber sido restaurados del pecado para servir. Cuando la enmienda y la restitución son considerados apropiadamente y surgen de los motivos correctos, validan tanto la intención de la búsqueda de absolución, como la realidad y el poder del perdón en la vida de la persona.

La confesión y absolución individual como una forma auténtica de cuidado pastoral

Una gran dependencia en los métodos de las disciplinas de la salud mental, junto con un desdeño aparente y una negligencia frecuente de los recursos cristianos específicos, han dejado al ministerio contemporáneo de consejería pastoral en un estado al que Paul Pruyser describe como "la crisis actual en la obra pastoral auténtica".[29] La confesión y absolución individual es uno de los recursos valiosos y auténticos que la iglesia cristiana ofrece en la consejería pastoral. El luteranismo ve la confesión y absolución individual en relación funcional con la consejería pastoral, como una forma auténtica de cuidado pastoral.

En esta próxima sección trataremos la relación que la confesión y absolución individual tiene con: (1) el ministerio en general; (2) el oficio y la persona del pastor; (3) algunas dimensiones de la consejería y cuidado pastoral auténticos; y (4) la necesidad de una mayor frecuencia y práctica en el ministerio congregacional.

Dicho en forma simple, el concepto luterano del ministerio trata de responder a las necesidades de los pecadores con el evangelio de Jesucristo. Este concepto de ministerio presupone la existencia de congregaciones locales y el oficio del pastor. Tal visión del ministerio se concentra tanto hacia adentro, con el cuidado y fortalecimiento de los miembros, como hacia afuera, cuidando de las necesidades de las demás personas en el mundo. Dado que la doctrina de la justificación por gracia a través de la fe es central a la teología luterana, es primordial que el ministerio busque de reconciliar, restaurar, y mantener las relaciones con Dios.

Las personas necesitan "confesar" su pecado y culpa, y estar seguros de su alivio. Continuamente están buscando, y para ello se vuelven a cualquier persona o institución que se jacte de ofrecer alivio y libertad de las presiones de la vida. Más aún, las "confesiones abiertas" se han vuelto comunes a través de las novelas, películas, y obras de teatro y diarios íntimos. Pareciera que las personas de hoy día poseen una compulsión por la confesión. La iglesia debe tomar en serio esta necesidad porque, si continúa descuidando recursos como la confesión y absolución individual, el mensaje que da es que en realidad no le importa el ministerio de la reconciliación, corriendo así el peligro de quedarle debiendo a las personas lo que tan desesperadamente necesitan. La práctica de la confesión y absolución individual involucra tanto un ministerio que funcione a nivel local a través del oficio de un pastor, como el ejercicio de un ministerio de reconciliación para todas las personas.

Como se ha dicho anteriormente, la comprensión del término pastoral en "consejería pastoral", limita a la persona del consejero a pastores y clérigos líderes reconocidos que funcionan bajo los auspicios de la iglesia. Esta comprensión encaja con la postura luterana con respecto al oficio del pastor como confesor en la confesión y absolución. Dado que un buen número de personas recurre actualmente a los pastores en busca de consejería, el uso en conjunto de la confesión y absolución individual simplemente continuaría la función pastoral.

El valor de la confesión y absolución individual depende en gran manera de con quién se haga la confesión. Esencialmente, esta persona debe ser alguien en quien el aconsejado o arrepentido tiene confianza. Obviamente, una persona

29 Paul W. Pruyser, "The Use and Neglect of Pastoral Resources," Pastoral Psychology, 23 (September 1972), 5–17.

que trata de confesarse no lo va a hacer con el primero que se le cruce; más bien, va a buscar a la persona que, en virtud de su oficio pastoral, le pueda impartir la absolución. La autoridad y significado de la presencia, palabras y acciones de esa persona, garantizan que la confesión producirá el resultado buscado: alivio del pecado y la culpa.

Es responsabilidad del pastor hacer saber a la congregación que él está interesado en el ministerio de cuidado pastoral que incluye la confesión y absolución individual. A través de diversas formas de comunicación e instrucción en la congregación, el pastor debe enseñar a su congregación el significado de la confesión y absolución individual. Los sermones, las clases bíblicas, la instrucción para confirmación y el boletín parroquial proveen oportunidades para incentivar la práctica de la confesión y absolución individual.

Por su parte, el pastor a quien uno va para la confesión y absolución individual, tiene las siguientes responsabilidades especiales: (1) proyectar la imagen de ser comprensivo; (2) ser sensible a los sentimientos del confesante; (3) tener respeto por el confesante como persona; (4) ser capaz de mantener una estricta confidencialidad; (5) ser tranquilo y humilde con respecto a su posición, logros, y fracasos; (6) ejercitar tanto la compasión como la firmeza; y (7) comprender los caminos de Dios y los de las personas. VanNostrand resume la madurez necesaria para el pastor que confiesa, diciendo:

> El escuchar la descarga del alma de otra persona requiere una persona bien integrada, y que no se sobrestime; requiere que la persona sea lo suficientemente sabia como para evitar volverse morbosamente curiosa; requiere que la persona se conozca muy bien a sí misma para evitar el desastre de involucrarse emocionalmente con el confesante. [30]

Como estos factores fuertemente lo indican, o incluso demandan, un pastor que escucha confesiones también debe practicar él mismo la confesión en forma regular. Se debe notar que la confesión y absolución individual abre grandes posibilidades para el cuidado pastoral de los pastores, un área lamentablemente a menudo olvidada en la estructura de la iglesia. Si bien no todos los pastores tienen la aptitud necesaria para escuchar confesión, este número es pequeño, ya que los requerimientos para hacerlo son muy similares a los necesarios para un ministerio pastoral efectivo.

Una persona no se acerca a un pastor en busca de confesión y absolución individual sólo en base a sus cualificaciones personales. El pastor debe ser un hombre de Dios puesto que, hasta cierto punto, representa la presencia de Dios. El pastor también representa una comunidad de cristianos. Por lo tanto, en la presencia del pastor, la persona se encuentra con la congregación en su totalidad.

30 Manning E. VanNostrand Jr., "Psychotherapeutic Values in the Confessional and in Pastoral Counseling," Diss. Boston University 1949, 217.

Las actividades pastorales permiten establecer relaciones personales significativas entre el pastor y los miembros de la congregación. Es importante notar que estas relaciones personales no se dañan con la confesión. Después de todo, la confesión no es una entidad en sí misma, sino que es sustituida por el poder y la eficacia de la absolución.

Al emplear en su ministerio una relación de trabajo entre la consejería pastoral y la confesión y absolución individual, el consejero pastoral obtiene ciertos beneficios. Esto no implica que el consejero pastoral deba utilizar la confesión y absolución individual en conexión con cada situación de consejería. Sólo debe continuar el proceso de consejería hasta llegar a la confesión y absolución individual en aquellas situaciones en las cuales tal acción parece correcta y útil. El uso de la confesión y absolución individual por parte del consejero pastoral como un recurso cristiano auténtico y específico en conjunción con el proceso de consejería, proveerá una dimensión pastoral enriquecedora a su ministerio de consejería. La confesión y absolución individual es capaz de proveer esta dimensión porque: (1) ve los problemas de las personas como algo de naturaleza predominantemente espiritual; (2) comunica el evangelio; (3) remueve el pecado y la culpa; (4) hace nuevas criaturas; (5) toma en serio al pecado; (6) reconoce la realidad de Dios; (7) lleva la palabra de Dios a la vida de la persona; (8) habla con respecto al lugar de la fe cristiana; (9) saca a la persona del aislamiento y la restablece a la comunidad; (10) causa la cura del alma (*Seelsorge*) (Nota del editor: *Seelsorge* es el término alemán usado ampliamente en la Iglesia Luterana para identificar el "cuidado del alma"); (11) ayuda a la consejería pastoral a recuperar su peculiaridad; (12) relaciona la consejería pastoral con otras disciplinas teológicas; (13) se centra en un ministerio de reconciliación; (14) trae renovación; y (15) tiene una función preventiva.

Estos 15 puntos, que no están en orden de importancia, resumen las contribuciones que la confesión y absolución individual proveen para el consejero pastoral.

1. La confesión y absolución individual ve los problemas de las personas como algo de naturaleza predominantemente espiritual. Este énfasis ayuda al consejero pastoral a enfocarse en los asuntos fundamentales, y previene una regresión innecesaria en áreas laterales. Los problemas espirituales requieren soluciones espirituales centradas en la justificación. La práctica de la confesión y absolución individual se vuelve una aplicación práctica de la justificación, en la cual se restaura la relación entre Dios y el confesante.

2. La confesión y absolución individual comunica el evangelio. Demasiado a menudo los medios de gracia no son utilizados en las sesiones de consejería de 50 minutos. La clave de la consejería pastoral es integrar el evangelio. El uso de la confesión y absolución individual es una forma de asegurar que el corazón del evangelio toque los corazones angustiados de las personas.

3. La confesión y absolución individual remueve el pecado y la culpa. Cuando no se usa ningún medio de gracia, la consejería pastoral es limitada, ya que sólo puede proveer alivio parcial a través de la catarsis y de una mayor comprensión y auto conocimiento. El pecado y la culpa pueden ser cambiados o vistos en forma diferente, pero siguen estando, pues sólo pueden ser removidos a través del perdón.

4. La confesión y absolución individual hace nuevas criaturas. En la confesión mueren tanto el pecado como el pecador; en la absolución renace una nueva creación en Jesucristo. La confesión y absolución individual se vuelve una expresión del sentido y significado del Bautismo de una persona cristiana, explicando el proceso que sucede repetidamente a través de la vida. El "viejo Adán" muere, y nace la "nueva persona en Cristo".

5. La confesión y absolución individual toma en serio al pecado. Los pecados específicos confesados en presencia de otra persona no pueden ser generales o vagos. El círculo de auto engaño ha sido roto. El confesante se hace cargo de sus pecados y asume su responsabilidad. Toda vez que hay una confesión y absolución individual, el pecado es tomado con seriedad.

6. La confesión y absolución individual reconoce la realidad de Dios. A través de la presencia concreta del pastor, el confesante se da cuenta que no ha pecado contra un poder divino indefinido, sino contra el Dios vivo. La confesión y absolución individual transmite el hecho que Dios, y no la persona, es la medida de todas las cosas. Por ejemplo, Dios es el sujeto que actúa definitivamente en la absolución.

7. La confesión y absolución individual lleva la palabra de Dios a la vida de la persona. La confesión y absolución resemblan la Ley y el Evangelio en acción. Esa Palabra no vuelve vacía, sino que logra el propósito de Dios.

8. La confesión y absolución individual habla del lugar de la fe cristiana. Si la fe de uno es débil, y a menudo lo es, la confesión ante otra persona es beneficial porque así uno escucha la absolución. Es sólo por fe que una persona puede recibir la promesa del perdón. La confesión y absolución individual aborda la confianza y esperanza en la persona de Jesucristo, que resulta en una terapia y recepción de fuerzas inmediatas.

9. La confesión y absolución individual saca a la persona del aislamiento y la restablece a la comunidad. La consejería pastoral se basa en la doctrina de la iglesia como el cuerpo de Cristo. Cuando pecamos, esto no sólo afecta nuestra relación con Dios, sino también nuestra relación con las demás personas en la comunidad. El pecado encubierto lleva a la persona al aislamiento. Cuando más encubierto, más grande el aislamiento. La confesión saca a la luz el pecado, y en el acto del perdón la persona es sacada del aislamiento a la comunidad. En la persona del pastor, esa persona se encuentra con toda la congregación.

10. La confesión y absolución individual causa la cura del alma (*Seelsorge*). La consejería pastoral siempre ha contenido elementos de *Seelsorge*; sin embargo, la confesión y absolución individual es mucho más directa y específica en el área de sanidad terapéutica y en realidad causa una cura para la persona en la cual toda la personalidad es sanada.

11. La confesión y absolución individual ayuda a la consejería pastoral a recuperar su peculiaridad como trabajo "pastoral". Dado que el movimiento de consejería pastoral moderno ha estado tan relacionado con la psicología y la psicoterapia, ha estado, y continúa estando, en peligro de perder su peculiaridad. La confesión y absolución individual presenta un recurso indiscutiblemente cristiano que siempre ha estado en el centro del trabajo pastoral. Cuando es utilizado en el proceso de consejería, la confesión y absolución individual ayuda a la consejería pastoral a obtener una perspectiva pastoral más clara.

12. La confesión y absolución individual relaciona la consejería pastoral con otras disciplinas teológicas. En el pasado, otras disciplinas teológicas han cuestionado la teología, o falta de ella, de la consejería pastoral, dado que muy a menudo ha estado orientada más hacia la psicología que hacia la teología. Existe una necesidad reconocida de que la consejería pastoral se vuelva más teológica. La confesión y absolución individual es una manera de incorporar la teología en el proceso de consejería, uniendo la teología "práctica" o "funcional" más estrechamente con otras disciplinas teológicas. Por ejemplo, la confesión y absolución individual trae una dimensión sólida de teología sistemática al área de la consejería pastoral.

13. La confesión y absolución individual se centra en un ministerio de reconciliación. Tal énfasis ayuda a mantener el enfoque de la consejería pastoral congruente con el de la iglesia. La iglesia existe con el propósito de la restauración y la salvación. La consejería pastoral siempre debe tener una dimensión escatológica.

14. La confesión y absolución individual trae renovación. El objetivo y resultado de la confesión y absolución individual es la vida nueva en Jesucristo. Toda vez que la confesión y absolución individual ha sido practicada con frecuencia, se ha producido una renovación espiritual. Juntas, la consejería pastoral y la confesión y absolución individual ofrecen grandes posibilidades para la renovación de la vida espiritual de la congregación.

15. La confesión y absolución individual tiene una función preventiva. La práctica de la confesión y absolución individual provee la oportunidad del examen regular de la conciencia y la vida. También previene la ansiedad reprimida al permitir sacar a la luz todas las cosas y dejar obrar el poder y el amor de Dios. Como tal, la confesión y absolución individual provee un beneficio muy diferente del de la consejería pastoral pero que, aun así, ayuda a aliviar la carga de la misma.

Los factores mencionados describen la tremenda contribución que la confesión y absolución individual hace al consejero pastoral, subrayando el hecho que la misma es uno de los mejores recursos que existe para el cuidado pastoral. Varios expertos en psicología y psicoterapia de la actualidad preguntan a los ministros por qué la iglesia prácticamente ha abandonado la parte confesional, y por qué no está siendo renovada. Parece un enigma que el mundo secular pueda ver los beneficios de la confesión y absolución individual, mientras que la iglesia, como institución, hable y se preocupe tan poco de ella.

Para ser justos con las pocas voces dentro de la Iglesia Luterana que claman por un reavivamiento de la confesión y absolución individual, debe decirse que en los últimos años ha habido un notable aumento en esta preocupación. Lamentablemente, tales voces todavía son pocas en número, por lo que su impacto es casi insignificante. El punto de vista que generalmente prevalece en la Iglesia Luterana es que la confesión y absolución individual sólo debe ser usada en situaciones excepcionales. En la mayoría de los lugares ni se habla de la confesión y absolución individual como práctica regular y recurso continuo para la vida congregacional.

Una de las maneras importantes de aumentar la respuesta a la confesión y absolución individual a nivel pastoral involucra una mayor exposición y conocimiento a nivel seminario. El énfasis dado a la confesión y absolución individual dentro del entrenamiento de cuidado pastoral requerido en el seminario es generalmente visto como algo no importante. Para que su uso sea extenso, la iglesia debe hacer que la confesión y absolución individual sea un tema de preocupación oficial a nivel nacional. ¡Imaginemos una convención de la iglesia donde la enseñanza y práctica de la confesión y absolución individual sea el enfoque principal! Más allá de si esto va a suceder, los pastores pueden proveer un ministerio de cuidado pastoral que incluya la confesión y absolución individual a nivel congregacional. La experiencia ha mostrado que, cuando a la confesión y absolución individual se le da un "espacio vivo" en la congregación, a menudo hay una buena respuesta. El concepto general del ministerio dentro de la congregación debe incluir el promover la práctica de la confesión y absolución individual como una parte normal de la vida cristiana.

Si la confesión y absolución individual es una aplicación pastoral importante de la doctrina de la justificación por gracia a través de la fe, ¿qué dice esto acerca de cuán efectivamente los luteranos tratan con el pecado? Noventa por ciento de los pastores entrevistados por Enger indicaron que la confesión y absolución individual debería ser usada con más frecuencia. [31] La práctica de la confesión y absolución individual instila una comprensión e interpretación renovada del ministerio pastoral al remover las consecuencias debilitantes del pecado y la culpa. A través de la confesión y absolución individual "el alma agobiada es liberada de una forma que no es posible a través de ningún otro proceso, situación o relación. Es un regalo asombroso y maravilloso que el Señor ha dado, del cual más uso debería hacerse en el ministerio y en la cura de almas". [32]

31 Knut M. Enger, "Private Confession in American Lutheranism: A study of Doctrine, History, and Practice," Diss. Princeton Theological Seminary 1962, 326.

32 Caemmerer, 289.

Conclusión

¿Qué posibilidades y recursos presentan hoy la confesión y absolución individual para la consejería pastoral? La conclusión general es que puede existir una relación de trabajo entre la consejería pastoral y el punto de vista luterano de la confesión y absolución individual. Esta relación ofrece una mayor contribución al consejero pastoral que si la consejería pastoral y la confesión y absolución pastoral fueran utilizadas por separado. Juntas proveen un procedimiento de cuidado pastoral que capitaliza los puntos fuertes de cada una y, a cambio, remedia las debilidades de la otra. La relación funcional entre la consejería pastoral y la confesión y absolución individual provee al consejero pastoral con una manera auténtica y efectiva de llevar adelante el cuidado pastoral.

Si bien se reconoce que tanto la consejería pastoral como la confesión y absolución individual son procesos separados y distintos en su propio derecho, la relación funcional propuesta retiene la integridad de lo confesional y el valor distintivo del procedimiento de consejería pastoral. Los elementos de similitud entre la consejería pastoral y la confesión y absolución individual permiten que haya una convergencia significativa. Estas áreas en común incluyen el hecho que ambas: (1) son caminos para un ministerio más amplio; (2) surgen de un cuidado pastoral consciente; (3) tratan con muchos de los mismos problemas; (4) siguen muchos de los mismos procedimientos; (5) involucran a la persona y oficio del pastor; (6) usualmente se hacen en privado; y (7) tienen un elemento común de "confesión" o catarsis.

La relación funcional entre la consejería pastoral y la confesión y absolución individual no puede ser delineada con tal detalle como para proveer un modelo que cubra toda situación de consejería. Sin embargo, en la mayoría de los casos las sesiones de consejería pastoral preceden y llevan al acto de la confesión y absolución individual. El procedimiento pastoral de clarificación y de hablar las cosas provee una sólida preparación para la confesión y absolución individual. Además, la dinámica de una catarsis emocional o psicológica se vuelve una excelente preparación para una confesión teológica.

Una de las debilidades conectada con la práctica y forma de la confesión y absolución individual es que, al menos al comienzo, las personas frecuentemente no saben cómo o qué confesar. Al ir al pastor en realidad están buscando ayuda para clarificar lo que necesitan confesar. Con respecto a esto, el tiempo invertido en consejería pastoral se vuelve muy valioso. Otra debilidad de la confesión y absolución individual es que trata con el pecado y la culpa, pero no necesariamente con otras emociones como la ansiedad y la hostilidad que usualmente acompañan la culpa. Nuevamente, el procedimiento de consejería pastoral provee un formato excelente para tratar estas emociones y otros síntomas.

El punto débil de la consejería pastoral de correr el riesgo de tratar sólo síntomas superficiales o temas secundarios es corregido cuando la confesión y absolución individual llega a la raíz de los mismos. La debilidad de la consejería pastoral es que, aparte de usar de alguna manera el evangelio, no puede tratar el pecado y la culpa en forma efectiva y completa; esta situación es remediada por la acción de la confesión y absolución individual. Más aún, la inclusión de la confesión y absolución individual ayuda a cerrar la relación especial de consejería pastoral y regresa al aconsejado al cuidado pastoral regular del ministerio de la congregación.

La relación de trabajo entre la consejería pastoral y la confesión y absolución pastoral es validada por seis conclusiones específicas.

1. La fortaleza del término “pastoral” existe en la comprensión estrecha y definida de ese término que limita la consejería pastoral a quienes han sido llamados y ordenados pastores y líderes clérigos que están ejerciendo el ministerio público. La siguiente es una definición de consejería pastoral: Consejería pastoral es una función del oficio pastoral ejercida por pastores y líderes clérigos reconocidos de la iglesia, quienes utilizan los recursos de las profesiones de la salud mental y de la fe cristiana para ayudar a las personas en la comunicación de sus sentimientos personales. Se utilizan recursos para superar obstáculos que puedan dificultar las relaciones satisfactorias con Dios, consigo mismo, y con los demás. La elección del consejero pone los problemas en una dimensión teológica que permite que sean afirmados los objetivos generales de la iglesia. El objetivo primario de la iglesia es la reconciliación de Dios y su pueblo a través de Jesucristo, quien otorga perdón de pecados, vida y salvación a todo aquél que cree en él. A la consejería pastoral no se llega necesariamente a través de otras formas de consejería y psicoterapia; más bien, puede ser considerada una disciplina en sí misma que surge de una larga historia de tener consciencia del cuidado pastoral en la iglesia. En otras palabras, es más apropiado mirar a

la consejería pastoral desde la perspectiva del ámbito de la consejería secular. El objetivo del trabajo pastoral auténtico es llevar al aconsejado a la comunión de los santos a través de una vida nueva sostenida en Jesucristo. A veces parece muy dudoso, con resultados rayando en la incongruencia, admitir que los llamados "psicoterapeutas pastorales" hagan un auténtico trabajo pastoral.

2. Muchas de las formas de psicoterapia son humanistas en presuposición y metodología. La aparición en los últimos años de un número de nuevas psicoterapias ha traído una situación totalmente nueva al área de consejería pastoral. Dado que estas nuevas terapias no son ni de diagnóstico ni técnicas, en su mayoría ya no están reservadas para especialistas. Más aún, frecuentemente demuestran mucha afinidad con el pensamiento cristiano. Estas psicoterapias ejercen una mayor influencia en la consejería pastoral de lo que Freud y otros analistas jamás han ejercido. Un breve repaso de tres psicoterapias contemporáneas: terapia de honestidad, terapia de realidad, y análisis transaccional, indica claramente que estas terapias operan con una base filosófica diferente con respecto a las personas, su naturaleza y sus habilidades, de lo que lo hace la fe cristiana. La psicoterapia ve a las personas en términos antropocéntricos; el cristianismo ve a las personas en términos teocéntricos. Los consejeros que consistentemente emplean los métodos de la psicoterapia humanística rebajan algunos de los principios más importantes del cristianismo, ya que el concepto de la naturaleza humana implícita o explícitamente, por cualquier terapia, moldea los objetivos y metodología de esa terapia. La pregunta de modificar varias terapias poniéndolas en un contexto religioso o tratando de utilizarlas con presuposiciones cristianas debería ser evaluada en forma individual. Soy más bien escéptico en creer que normalmente se producirá suficiente modificación y transformación. De cualquier forma, el uso de varias psicoterapias no debe triunfar a expensas de la herencia teológica de la iglesia. Ése es un precio demasiado alto a pagar. La consejería pastoral continúa siendo capaz de aprender de la psicología y la psicoterapia a través de sus técnicas, pero necesita estar consciente de las ventajas y desventajas, y de la habilidad de ejercer un juicio pastoral maduro.

3. La disciplina de la consejería pastoral necesita profundizar sus raíces teológicas e informarse más teológicamente. Los tipos de consejería pastoral usados en la iglesia protestante se desarrollaron, en su mayoría, a través del movimiento de consejería moderno que, a su vez, fue influenciado en gran manera por la psicología y la psicoterapia. La consejería pastoral continúa apropiándose de métodos y modelos de psicología y psicoterapia, al punto que a menudo está en peligro de perder su distinción. La distinción de la consejería pastoral debería radicar en el hecho que se involucra en un ministerio auténtico de cuidado pastoral. La conexión de la consejería pastoral con la confesión y absolución individual permite que la primera se base más en la teología. Específicamente, la consejería pastoral necesita una relación más directa con la teología sistemática. El problema aquí es que ambas disciplinas necesitan tener una mayor apertura hacia la otra. La confesión y absolución individual, con todos sus conceptos teológicos concomitantes, provee una avenida por la cual los aspectos de la teología sistemática pueden ser integrados en el proceso de la consejería pastoral.

4. La investigación del punto de vista luterano de la confesión y absolución individual concluye que este es un recurso auténtico de cuidado pastoral. La doctrina y práctica de la confesión y absolución individual fueron retenidas y renovadas por Lutero y los otros reformadores luteranos porque probaron ser una cura sin igual en el tratamiento de las conciencias agobiadas. La esencia de la confesión y absolución individual se centra en la admisión, por parte de la persona, de que es pecadora y necesita la absolución o el perdón de Dios. La confesión y absolución individual esencialmente pertenecen a la justificación por gracia a través de la fe. El restaurar a la persona a la comunión cristiana es uno de los objetivos del trabajo pastoral auténtico que es afectado por la confesión y absolución individual.

5. Los problemas de las personas son predominantemente espirituales en naturaleza, cuya raíz se encuentra en el pecado y la culpa. Los métodos y percepciones psicológicos contribuyen a clarificar y comprender la culpa, pero no son capaces de disiparla. En definitiva, el pecado y la culpa son problemas teológicos. En respuesta al problema fundamental de la culpa, la iglesia ofrece su doctrina fundamental de la justificación por gracia a través de la fe. La culpa sólo es removida por el poder perdonador de Dios. En lo que se refiere a asegurar la remoción de la culpa a nivel personal, la confesión y absolución individual no tiene igual. La confesión y absolución individual comunica el poder perdonador del evangelio directamente al individuo de una manera que facilita su apropiación personal.

6. El uso de la confesión y absolución individual tiene implicaciones directas para una comprensión del ministerio de la reconciliación. La confesión y absolución individual constituye una aplicación pastoral directa de la justificación por gracia a través de la fe. Como tal, la confesión y absolución individual no debería ser considerada como algo adicional, dado que se relaciona con el corazón de la naturaleza y existencia de la iglesia. La débil práctica actual de la confesión y absolución individual aparece en contraste abrupto con la enseñanza de que la justificación por gracia, a través de la fe, es central a la vida cristiana.

La efectividad de un pastor en tratar con el pecado y la culpa en forma individual es un tema que no puede ser eludido. ¿Será que la iglesia no se siente cómoda con este verdadero tesoro? El ministerio pastoral auténtico se centra en el perdón que llama a la acción al ministerio de la reconciliación y restauración. La confesión y absolución individual en una relación funcional con la consejería pastoral existe como una avenida de reconciliación para quienes están tanto dentro, como sin iglesia.

Para terminar: un interés renovado en la confesión y absolución individual surge de las necesidades psicológicas y preocupaciones de nuestra sociedad, donde las personas fácilmente buscan ayuda en los consejeros. A esto se suma un renovado interés de parte de quienes denuncian el muy limitado uso que se da en la iglesia a un recurso comprobado del cuidado de almas. Es el tiempo indicado para que exista una relación de trabajo entre la consejería pastoral y la confesión y absolución individual que restaure a la iglesia el uso de este precioso tesoro y, así, provee un recurso para el cuidado pastoral que es no sólo consistente con la teología cristiana, sino también efectivo para tratar las necesidades reales de las personas.

Bibliografía selecta en inglés

La siguiente breve bibliografía ha sido limitada ex profeso a aquellos recursos que tratan con las preocupaciones mayores con respecto a la confesión y absolución individual. Se espera que el lector tenga acceso a referencias adecuadas en el área de la consejería pastoral.

Belgum, David. *Guilt: Where Psychology and Religion Meet*. Englewood Cliffs, N.J.: Prentice-Hall Inc. 1963.

Berggren, Erik. *The Psychology of Confession. Studies in the History of Religions*, Vol. 29. Leiden: E.J. Brill, 1975.

Boehme, Wolfgang. *Beichtlehre fur Evangelische Christen*. Stuttgart: Evangelisches Verlagswerk, 1956.

Bonhoeffer, Dietrich. *Life Together*, Trad. John W. Doberstein. New York: Harper and Row, 1954.

Bouman, Walter R. "Confession-Absolution and the Eucharistic Liturgy." *The Lutheran Quarterly*, 26 (May 1974), 204–220.

________. "Private Confession and Absolution: A Word to Pastors." *Una Sancta*, 18, No. 2 (1961), 9–15.

________. "The Treasure of the Church." *Concordia Theological Monthly*, 38 (October 1967), 565–575.

Bowman, George William III. *The Dynamics of Confession*. Richmond: John Knox Press, 1969.

Coiner, Harry G. "Living Toward One Another with the Word of God." *Concordia Theological Monthly*, 36 (October 1965), 613–647.

Emerson, James Gordon Jr. *The Dynamics of Forgiveness*. Philadelphia: The Westminster Press, 1964.

Enger, Knut Mathis "Private Confession in American Lutheranism: A Study of Doctrine, History, and Practice." Diss. Princeton Theological Seminary 1962.

Fackler, James. "C. F. W. Walther on Confession." *The Seminarian*, 54 (May 1963), 16–21.

Fousek, Marianka. "Ecumenical Perspectives: Confession?" *Dialog: A Journal of Theology*, 5 (Autumn 1966), 293–297.

Fritze, Herbert P. "Displaced Feelings of Guilt and the Grace of God." *Pastoral Psychology*, 17 (November 1966), 39–44.

Geisser, Walther. *Beichte und Absolution in evangelischer Si* cht. Stuttgart: Calver Verlag, 1966.

Halligan, Nicholas. *Sacraments of Reconciliation*. New York: Alba House, 1973. Vol. II.

Harms, Klaus. "Die Einzelbeichte." *Monatschrift fur Pastoraltheologie*, 42 (1953), 374–382.

Heggen, Franz J. *Confession and the Service of Penance*. Trad. Peter Tomlinson. Notre Dame: University of Notre Dame Press, 1968.

Heintzen, Erich. "Is Private Confession Necessary?" *The Lutheran Witness*, 80 (1961), 8–10.

Hunter, Rodney J. "Law and the Gospel in Pastoral Care." *The Journal of Pastoral Ca* re, 30 (September 1976), 146–158.

Jungkuntz, Theodore R. "Private Confession: A 20th-Century Issue Seen from a 16th-Century Perspective." *Concordia Theological Monthly*, 39 (February 1968), 106–115.

Kinder, Ernest. "Beichte und Absolution nach den lutherischen Bekenntnisschriften." *Theologische Literaturzeitung*, 77 (September 1952), 543–550.

Korby, Kenneth F. "Naming and Healing the Disorders of Man: Therapy and Absolution." *In The Cresset Occasional Paper:* III Ed. David G. Truemper. Valparaiso: Valparaiso University Press, 1978, 7–11.

Kuenneth, Friedrich-Wilhelm. "The Ministry of Absolution." *Concordia Theological Monthly*, 41 (February 1970), 95–108.

Landrud, Joseph Christian Jr. "The Dynamics of Confession: A Theological and Psychological Investigation." Diss. Southern California School of Theology, 1962.

Lang, Paul H. D. "Private Confession in the Lutheran Church," *Una Sancta*, 22 (1965), 18–40.

Lieberg, Hellmut. "Die Lehre Der Kirche von der Heiligen Absolution." Lutherische Blatter, 43–44 (Juli 1955), 73–83.

Lindroth, Hjalmar. "Confession and Absolution." *The Encyclopedia of the Lutheran Church*. Vol. I. 1965.

_________."The Weak Position of Confession in Lutheranism." *Studia Theologica*, 18 (1964), 1–9.

Lohse, Bernhard. "Die Privatbeichte bei Luther." *Kerygma und Dogma*, 14 (1968), 207–228.

Martin, Paul. "Sin, Guilt and Mental Health: Confession and Restitution as Means of Therapy." *Christian Century*, 21 (May 1975), 525–527.

Matthews, Edward. *The Forgiveness of Sins*. London: Collins Liturgical Publications, 1978.

McNeill, John T. *A History of the Cure of Sou* ls. New York: Harper and Bros., 1951.

Narramore, S. Bruce. "Guilt: Where Theology and Psychology Meet." *Journal of Psychology and Theology*, 2 (Winter 1974), 18–25.

Precht, Fred L. "Changing Theologies of Private and Public Confession and Absolution." Diss. Concordia Seminary St. Louis, 1965.

Richter, Stephan. *Metanoia: Christian Penance and Confession*. Trad. Raymond T. Kelly. New York: Sheed and Ward, 1966.

Rogness, Alvin N. *Forgiveness and Confession: The Keys to Renewal*. Minneapolis: Augsburg Publishing House, 1970.

Schedler, Kenneth. "The Centrality of Confession in Pastoral Care." *The Seminarian*, 54 (May 1963), 9–15.

Schultz, Robert C. "Therapy and Absolution: Issues of Healing and Redemption." *In The Cresset Occasional Paper:* III Ed. David G. Truemper. Valparaiso: Valparaiso University Press, 1978, 36–44.

Secker, Philip. "Discussion on Private Absolution." *The Seminarian*, 54 (May 1963), 5–8.

Senn, Frank C. "Structures of Penance and the Ministry of Reconciliation." *The Lutheran Quarterly*, 25 (August 1973), 270–283.

Sluberski, Thomas. "Absolution: An Historical Overview." *The Seminarian*, 54 (May 1963), 38–42.

Stott, John R. W. *Confess Your Sins: The Way of Reconciliation*. Waco, Texas: Word Books, Publishers, 1974.

Tappert, Theodore G. Luther: *Letters of Spiritual Counsel. The Library of Christian Classics*, Vol. 18. Philadelphia: The Westminster Press, 1955.

Thurian, Max. *Confession. Studies in Ministry and Worship*. London: SCM Press Ltd., 1958.

Tournier, Paul. *Guilt and Grace*. Trans. Arthur W. Heathcote. New York: Harper and Row, 1962.

Werkstrom, Bertil. *Bekannelse och Avlosning*. Lund: cwk Gleerup, 1963. (English Summary.)

Bibliografía en español

Blank, Rodolfo. *Ley y Evangelio: Curso didáctico sobre la distinción entre Ley y Evangelio.* Bogotá: CoExtensión, 2010.

Bonhoeffer, Dietrich. *Vida en comunidad.* Salamanca: Ediciones Sígueme, 2005.

Carvalho, Esly Regina. *Cuando se rompe el vínculo.* Buenos Aires: Ediciones Kairós, 2001.

_________. *El maltrato y la violencia doméstica.* Quito: Plaza del Encuentro, 2002.

Cassese, Giacomo. *¿Qué quiso decir Lutero?* St. Louis: Editorial Concordia, 2014.

Chignoli, Celso William. *Violencia doméstica.* St. Louis: Editorial Concordia, 2011.

Clinebell, Howard. *Asesoramiento y cuidado pastoral.* Grand Rapids: Libros Desafío, 1995.

Couto Machado, María. *¿Qué va a ser de mí?* Quito: Plaza del Encuentro, 2001.

Dunker L., José. *Los vínculos familiares: Una psicopatología de las relaciones familiares.* Santo Domingo: Editora Búho, 2003.

Eyer, Richard. *Cuidado pastoral: Dios en medio de los sufrimientos.* St. Louis: Editorial Concordia, 2008.

Flory de Quijada, D. *¿Qué es el matrimonio?* Quito: EIRENE, 1987.

________. *La familia en la misión de Dios*. Quito: EIRENE, 1988.

Fuentes, M. *Tus hijos pueden ser mejores*. Caracas: Ediciones Divulgativas, 1995.

Gil, Eliana. *Superando el dolor: Un libro para y acerca de adultos víctimas de abuso en la niñez*. Walnut Creek, CA: Launch Press, 1983.

Hoeferkamp, Roberto T. *La ley y el Evangelio*. Bogotá: CoExtensión, 1995.

Kempff, Marcos. *El matrimonio y la familia: Su fundamento bíblico y teológico*. Bogotá: CoExtensión, 2006.

Kober, Ted. *Confesión y perdón: Profesando fe como embajadores de reconciliación*. Toronto: MAD Design, Inc., 2015.

León, Jorge A. *Psicología de la experiencia religiosa*. Buenos Aires: Ediciones Kairós, 1973.

________. *Psicología pastoral de la iglesia*. Miami: Editorial Caribe, 1986.

________. *Psicología pastoral para la familia*. Miami: Editorial Caribe, 1998.

________. *Psicología pastoral para todos los cristianos*. 12° edición. Miami: Editorial Caribe, 2000.

________. *Psicología pastoral de la depresión*. Buenos Aires: Ediciones Kairós, 2002.

Lutero, Martín. "Cristo nos quita nuestros pecados y nos da su justicia (1525)," pp. 83-102, en *Obras de Martín Lutero*, vol. 9, *Sermones*. Traducido por Erich Sexauer. Buenos Aires: Ediciones la Aurora/ Publicaciones El Escudo, 1983.

________. "Salmos penitenciales (1525)," pp. 247-304, en *Obras de Martín Lutero*, vol. 6,

Lutero como exégeta. Traducido por Carlos Witthaus. Buenos Aires: Ediciones la Aurora/ Publicaciones El Escudo, 1979.

Maldonado, Jorge E. *Aun en las mejores familias*. Buenos Aires: Nueva Creación, 1996.

________. *Introducción al asesoramiento pastoral de la familia.* Nashville: Abingdon Press, 2004.

________. *Crisis, pérdidas y consolación en la familia.* Grand Rapids: Libros Desafío, 2005.

________, ed. *Fundamentos bíblico-teológicos del matrimonio y la familia.* Grand Rapids: Libros Desafío, 2006.

Mamarian, María Elena. *Rompamos el silencio: Prevención y tratamiento de la violencia en la familia.* Buenos Aires: Ediciones Kairós, 2007.

Marino, Osvaldo O. *Neuiasis: Una teoría bíblica-psicológica de la personalidad con claves precisas para la liberación.* Buenos Aires: Extensión Cristiana, 1991.

Meléndez, Andrés A., ed. y trad. *Libro de Concordia: Las confesiones de la Iglesia Evangélica Luterana.* St. Louis: Editorial Concordia, 1989.

________. Art. XXV. La confesión, en *Confesión de Augsburgo*, pp. 44-45.

________. Art. XI. La confesión, en *Apología Confesión de Augsburgo*, pp. 164-67.

________. Art. XII. El arrepentimiento, en *Apología Confesión de Augsburgo*, pp. 167-201.

________. Tercera parte, "Sobre el arrepentimiento," en *Artículos de Esmalcalda*, pp. 313-15.

________. Tercera parte, "Sobre las llaves," en *Artículos de Esmalcalda*, p. 323.

________. Tercera parte, "Sobre la confesión," en *Artículos de Esmalcalda*, pp. 323-25.

________. Confesión y absolución, en *Catecismo Menor*, pp. 364-65.

________. Breve exhortación a la confesión, en *Catecismo Mayor*, pp. 490-94.

________. Art. V. La Ley y el Evangelio, en Epítome, *Formula de Concordia*, pp. 513-17.

________. Art. V. La Ley y el Evangelio, en Declaración Sólida, *Formula de Concordia*, pp. 602-14.

Newman, Michael W. *Creciendo en la adversidad: Viviendo a través de las tormentas de la vida.* St. Louis: Editorial Concordia, 2014.

Padilla, René C. *Bases bíblicas de la misión.* Buenos Aires: Nueva Creación, 1998.

Radillo, Rebeca M. *Cuidado pastoral: Contextual e integral.* Grand Rapids: Libros Desafío, 2007.

Rodríguez, P. *Matrimonio y familia cristiana.* Chicago: Buckley Publications, Inc., 1984.

Sande, Ken. *Pacificadores: Guía bíblica para la resolución de conflictos personales.* Puebla: Ediciones Las Américas, 2008.

Santos, Hugo, ed. *Dimensiones del cuidado y asesoramiento pastoral: Aportes desde América Latina y el Caribe.* Tomos I y II. Buenos Aires: Ediciones Kairós, 2006.

_________. *Paz en la familia: Una guía bíblica para manejar los conflictos en su hogar.* Grand Rapids: Editorial Portavoz, 2011.

Schipani, Daniel S., y Jiménez, A., eds. *Psicología y consejo pastoral: Perspectivas Hispanas.* Decatur: Libros AETH, 1997.

Seamands, David. *Dejando a un lado lo que es de niño.* Barcelona: Editorial CLIE, 1986.

_________. *La curación de los recuerdos.* Barcelona: Editorial CLIE, 1986.

_________. *El poder liberador de la gracia.* Miami: Editorial Vida, 1990.

Tamayo, José Miguel. *El conflicto matrimonial en los matrimonios latinos.* San Antonio: Centro de Comunicación, 1980.

Urdaneta, Y. de. *Los hijos del divorcio.* Caracas: Monte Ávila Editores, 1986.

Varela, Juan, y M. Mar Molina. *Tu matrimonio sí importa: Claves y clavos en la relación de pareja.* Barcelona: Editorial CLIE, 2012.

Walther, C.F.W. *Ley y Evangelio.* St. Louis: Editorial Concordia, 2007.

Wisloff, Carl. *Como luz brillante: Un estudio sobre la Ley y el Evangelio en la predicación.* LOGOS, Biblioteca de Teología Luterana. Arequipa: Editorial Siembra, 1997.

Zarraluqui, L. *Ante la separación y el divorcio.* Madrid: Ediciones Temas de Hoy, 1987.

CPSIA information can be obtained
at www.ICGtesting.com
Printed in the USA
FFOW05n0416230316

9 780758 655639